21世纪教学活动设计案例精选丛书

小学科学教学活动设计案例精选

丛书主编　禹　明

本册主编　张和平

图书在版编目(CIP)数据

小学科学教学活动设计案例精选/禹明丛书主编. —北京：北京大学出版社，2012.3
(21世纪教学活动设计案例精选丛书)
ISBN 978-7-301-20246-3

Ⅰ. ①小… Ⅱ. ①禹… Ⅲ. ①科学知识－教学设计－小学 Ⅳ. ①G623.62

中国版本图书馆 CIP 数据核字(2012)第 022039 号

书　　　　名：	小学科学教学活动设计案例精选
著作责任者：	禹　明　丛书主编　张和平　本册主编
策　　　　划：	周雁翎
责 任 编 辑：	李淑方
标 准 书 号：	ISBN 978-7-301-20246-3/G·3335
出 版 发 行：	北京大学出版社
地　　　　址：	北京市海淀区成府路 205 号　100871
网　　　　址：	http://www.jycb.org　http://www.pup.cn
电子信箱：	zyl@pup.pku.edu.cn
电　　　　话：	邮购部 62752015　发行部 62750672　编辑部 62767346　出版部 62754962
印 　刷 　者：	北京宏伟双华印刷有限公司
	787 毫米×1092 毫米　16 开本　13.5 印张　280 千字
	2012 年 3 月第 1 版　2019 年 11 月第 4 次印刷
定　　　　价：	32.00 元

未经许可，不得以任何方式复制或抄袭本书之部分或全部内容。
版权所有，侵权必究
举报电话：(010)62752024　电子信箱：fd@pup.pku.edu.cn

序

朱慕菊

当今世界正在发生着深刻的变化。社会的发展决定了教育必须跟上时代的步伐,因此,教育必须朝着适应未来的方向进行深刻的变革。自2001年9月启动我国新一轮基础教育课程改革以来,中小学的课堂里正在发生着质的变化,课程改革的理念已在基础教育改革的实践中得到广泛认同。

课堂教学设计是教学中的一个重要环节,是教学的目的性、过程性、科学性与艺术性的统一,不但需要深厚的教育理论作支撑,而且需要适切运用丰富多样的教学方法和教学技术。本丛书编写者长期以来坚持以新课程的理念为指导,对课堂教学进行了深入的探索,获得了有益的经验。

第一,在教育理论与实践的结合上进行了有益的探索。长期以来,教师们普遍认为系统而复杂的教学理论不易被有效地运用于课堂教学中。而在新课程推进过程中,教师们努力学习新课程所倡导的教学理论,并积极探索与实践的结合,特别注重把教学理论和研究成果运用于实际教学,指导教学工作,同时也注重将教师的教学经验总结上升到理论层面。事实证明,理论必须与实践不断结合才能为教师所掌握和运用;同样,也只有经常性地反观课堂教学实践,对其进行深度思考与梳理,才能使教学认识上升到理性的高度。这套《21世纪教学活动设计案例精选丛书》正是积极探索教育理论与实践相结合的产物。

第二,在教师的专业发展上进行了有益的探索。新课程的推进既向教师提出了巨大的挑战,同时也应看到,它更是教师专业发展的极好机遇。教师工作的性质决定了它不是机械的重复。教师既要坚定不移地贯彻落实党的教育方针,同时作为专业人员还必须遵循少年儿童心理发展的规律,谙熟他们的需求,掌握学科教学的内容与方式。在当今社会快速发展的背景下,教师的专业修养也需要与时俱进。因此,新课程所倡导的学生学习方式的变革、教师教学方式的变革,都需要教师在工作岗位上不断思索,不断进步,实现其专业发展。而本丛书编写者正是深刻理解了教师专业发展对于推进新课程的重要性,他们想方设法促使教师对自己的课堂教学进行自觉的反思与总结,引导教师们在理论与实践之间进行反复的"对话",并将"对话"的结果以课堂教学设计的形式表达出来,帮助教师整理了教学思想,提升了教育理念,促进了教师专业的发展。

第三,在改变课堂教与学的方式上进行了有益的探索。查尔斯·赫梅尔在《今日的教育为了明天的世界》中指出,在百科全书式的知识已经过时、百科全书比老人老得还快的大变革时代里,教师再也不能仅限于传授知识,而需要"唤醒不被知晓或沉睡中的能力,使得每个人都能分享到人们完全能够发挥自己才能的幸福"。因此,改变教与学的方式成为本次课程改革追求的重要目标之一。这套丛书正是以改变教与学的方式为突破口,对课堂教学如何体现学生的主体地位,如何突出知识的建构过程,如何增强学生的情感体验,如何使学生形成正确的价值观等方面的问题作了大量深入的探索。这套丛书中的教学设计虽然侧重活动性,但每一个教学活动的设计都力图向人们反映一种理念:只有将学习任务转化为学生的自我需求,才能真正唤起学生的求知欲望,才能真正激活学生学习的内在动力,才能真正使学生成为学习的主人。

衷心希望这套丛书能够为全国的中小学教育工作者提供借鉴。

2012 年 2 月

(朱慕菊:国家基础教育课程教材专家工作委员会秘书长)

前　言

禹　明

最近，国家九年义务教育课程标准正式公布了。在总结我国十多年来基础教育课程改革经验的基础上，教育部正式公布的国家九年义务教育课程标准在强调德育领先、坚持渗透社会主义核心价值观的同时，特别强调了对学生创新精神和实践能力的培养。而要实现这一点，我们就要继续转变中小学课堂教学方式，在课堂上尊重学生，充分调动学生的积极性和主动精神，培养学生的批判性思维和学生的实践能力。为了学习，落实国家九年义务教育课程标准的精神，帮助中小学教师转变课堂教学方式，北京大学出版社出版了《21世纪教学活动设计案例精选丛书》，以帮助中小学各学科教师更好地在国家九年义务教育课程标准的指导下，研究课堂教学，改进课堂教学，提高基础教育的教育质量。

我们一直强调教学过程的重要性。因为学生知识的获取，能力的提升，情感的变化都是在教学过程中逐步实现的。教学过程要由一个一个教学活动构成。要想实现有效的教学过程，一定要设计好每一个教学活动，使教学活动符合学生的认知发展水平，符合学生的实际生活经历。在设计教学活动时，要考虑在活动中学生学什么？怎样学？学得怎样？要考虑如何让学生主动学习，合作学习，探究学习。一堂课是否有效与课堂教学活动的好坏正相关，学生是否能成为课堂学习的主人也与课堂教学设计的好坏正相关。因此，研究课堂教学活动的设计是课程改革的需要，是落实国家九年义务教育课程标准的需要，也是中小学教师专业发展的需要。

《21世纪教学活动设计案例精选丛书》的编写不以某一版本的教材为依据。它是根据基础教育课程改革的基本理念，依据国家九年义务教育课程标准编写的。这就使本丛书具有普适性，可供使用任何版本教材教学的中小学教师参考使用。本丛书收集的活动设计，有别于教育教学案例，它是课堂教学中的某个教学环节，或是精心设计的导入，或是针对具体学习任务而设计的小游戏。每一个教学活动设计体现了以学生为主体的理念，而且经过了多年教学实践的检验，行之有效。由于丛书提供的活动类型多样,宛如一个课堂教学活动设计的"超市",各个学科的教师完全可以根据自己教学的实际需要,任意选用或组合,也可以在现有基础上改造与创新。在编写本丛书时,我们并没有强求体例一致,这样,我们可以保存每个教学活动设计的个性与特点,体现教学活动设计的多元化。对于广大的一线中小学教师而言,本丛书是实用的教学参考书,因为本丛书的作者都是来自教学第一线,他们的教学活动设计就是在教学第一线产生的。

《21世纪教学活动设计案例精选丛书》是一套"草根"作品,散发着浓浓的芳草气息,而课程改革的春天不正是弥漫着这股清香味么?愿同行们喜欢它,也期待着你们的指教。

2012年2月
于深圳市教育科学研究院

(禹明:特级教师,教育部教师教育课程资源专家委员会专家,教育部"国培计划"首批教师培训专家,教育部九年义务教育课程标准综合审议专家,教育部外国人子女学校认证专家组专家,深圳大学师范学院兼职教授,教育硕士导师)

编 者 说 明

师范院校的教师职业技能培养的严重缺失，课程改革培训中重理论轻教法的倾向，教师职业技能方面专业引领的不足，这些是导致课程改革中出现诸多问题的重要原因。改变教师的教育理念非常重要，但新的理念不是自然而然地就能转化为新的教学设计和行为的。在这个过程中需要专业技能的支撑，比如如何上好讨论课，如何通过游戏使学生掌握英语的时态，如何使学生通过有趣的活动认识数学的抽象概念，如何让学生通过讨论春游的安排了解人民代表大会的议事程序，等等。新的课程理念只有在这些细节的落实之处才能真正体现出来——这就是我们编写这套《21世纪教学活动设计案例精选丛书》的初衷。

谁是教师职业技能培养的引领者？是那些将自己的热情和智慧奉献给课程改革事业的富有创造性的教师们。南山区的教师们在这方面作出了有益的探索。本套丛书所收集的活动，不同于以往的案例，它是课堂上的一个教学环节，或是一种精心设计的导入，或是一个针对具体的学习任务而设计的小游戏……每一个活动设计都体现了以学生为主体的理念，都已经被教学实践证明是行之有效的好方法。

这套丛书没有依据某一个版本的教材，而是按照课程改革的理念，依据课程标准编写的，这就使得这套丛书具有了普适性，使用任何版本教材教学的教师都可以使用。其中所设计的活动的类型多种多样，宛如一个课堂活动的"超市"，教师可以根据自己教学的需要，任意选用和组合。即便是每本书或每个设计，我们也没有强求体例一致，我们想让每个教师鲜明的个性跃然纸上。这套丛书是教师的实用参考书。

当教师们的职业技能逐渐提高的时候，课程改革的事业就会展现出更加绚丽的前景！我们编写本套丛书的目的，是希望为提高教师的职业技能贡献一份力量。我们也期待热心的读者提出宝贵的意见。

目 录

序 ··· 朱慕菊(1)
前言 ·· 禹 明(3)
编者说明 ···(5)

植物的不同与相同 ··(1)
生命离不开水 ··(5)
玩水 ···(8)
水的表面张力 ···(12)
研究纸 ···(15)
蜗牛 ···(19)
物体改变形状以后 ···(22)
观察蝗虫 ···(26)
土壤里有什么 1 ···(30)
土壤里有什么 2 ···(32)
种辣椒 ···(35)
种油菜 ···(40)
认识固体 1 ···(44)
认识固体 2 ···(49)
认识固体 3 ···(53)
把固体放到水里 ···(56)
冷和热对物体的影响 ···(61)
声音是怎样产生的 ···(65)
怎样搭配食物 1 ···(69)
怎样搭配食物 2 ···(73)
我们的食物安全吗 ···(75)
假设 ···(78)
仙人掌和骆驼 ···(82)
神奇的仙人掌 ···(87)
我们的位置在哪里 ···(91)
小车与斜坡 ···(94)
玩气球 ··(100)

摆的研究 …………………………………………………………… (105)
光怎样行进 ………………………………………………………… (108)
照镜子 ……………………………………………………………… (112)
玩放大镜 …………………………………………………………… (115)
在天空"做"彩虹 …………………………………………………… (118)
七色光 ……………………………………………………………… (121)
照相机和眼睛 ……………………………………………………… (124)
盘山公路的启示 …………………………………………………… (128)
鸡蛋壳的启示 ……………………………………………………… (132)
造房子1 …………………………………………………………… (136)
造房子2 …………………………………………………………… (139)
孵小鸡 ……………………………………………………………… (142)
多利羊的诞生带来的思考 ………………………………………… (145)
多利是怎样诞生的 ………………………………………………… (148)
人体指挥中心——大脑 …………………………………………… (152)
信息的传递路径——神经 ………………………………………… (156)
我的手 ……………………………………………………………… (160)
云和雨 ……………………………………………………………… (164)
磁铁的两极 ………………………………………………………… (169)
里面是怎样连接的1 ……………………………………………… (173)
里面是怎样连接的2 ……………………………………………… (176)
各种各样的花 ……………………………………………………… (181)
"黑匣子"探密 ……………………………………………………… (184)
导体与绝缘体 ……………………………………………………… (188)
给小车安个螺旋桨 ………………………………………………… (191)
保护鸡蛋 …………………………………………………………… (194)
昼夜交替的解释 …………………………………………………… (196)
太阳系 ……………………………………………………………… (200)
认识岩石 …………………………………………………………… (203)

植物的不同与相同

【教学内容】
　　苏教版《科学》三年级上册第二课。
【设计理念】
　　以转变学生的学习方式为出发点,培养学生自主的、探究性的学习能力。让学生在学习和掌握有关植物知识的基础上,对校园植物进行观察、探究。使学生在大自然中真切地认识到植物世界的多样性和植物的一些基本特征。学会用观察、比较的方法认识各种植物的不同与相同。提高学生的实践能力,培养合作精神。使学生体会探究植物的乐趣,感受到生命的多姿多彩。同时通过活动增强学生的环保意识,从而使学生更加热爱环保,热爱生命,热爱大自然。
【活动目标】
　　一、过程与方法
　　1. 了解校园一些常见植物的名称,运用各种感觉器官对植物进行观察。
　　2. 比较两种或两种以上植物的特征,根据植物的形态特征进行分类并讲出分类的理由。
　　3. 用语言描述植物的特性,用文字填写植物调查表。
　　二、知识与技能
　　1. 认识到植物种类繁多,有些植物有相似的形态构造,有共同的生理需求。
　　2. 培养观察、比较能力,做科学活动记录的能力和查阅资料的能力。
　　三、情感、态度与价值观
　　1. 在活动的过程中体验探究事物的乐趣,逐步形成实事求是的科学态度。
　　2. 在活动的过程中感受生命的美,从而更加珍惜生命、热爱生命。
【活动准备】
　　校园植物课件、调查表、放大镜、镊子。
【活动过程】
　　一、导入
　　师:同学们,我这有许多花草树木的照片,都是我在校园里拍摄的,大家想不想欣赏?
　　生:想!
　　(电脑演示教师拍下的校园植物照片,让学生初步了解校园的植物种类、名称,发现

司空见惯的校园中原来有这么美的植物)

　　师：老师现在还有一个问题要问同学们，你们有没有仔细观察过我们学校的植物？比如木棉树的叶片的形状是什么样的？大榕树的果实是什么颜色的？桂花的花瓣有几片等等。现在就让我们一起去校园观察、比较，发现植物的奥秘。

　　(以此来引导学生，进一步开动脑筋，积极思考、认真观察)

二、分小组、分地点进行观察，老师巡视指导

　　1. 在校园内，将学生分成若干个小组并在不同的地点进行观察和研究。在对植物进行观察、比较、探究的过程中，学生发现了许多问题，他们迫不及待地想要表达、描述自己所发现的现象。这时，教师可以让学生分组就他们最感兴趣的问题进行讨论，并认真做好观察记录，填写调查表。

　　2. 在学生讨论和观察的过程中，老师在各组间巡视并给予必要的指导帮助。

三、谈发现(分小组或个人汇报)

　　当学生有了多种发现之后，想发言的积极性很高，教师组织全班学生交流观察后的感想。请同学们来谈一谈在观察的过程中发现了什么，大家互相交流学习。以下是学生发言和教师组织、调控、引导的互动交流内容：

　　师：刚才我们分小组对校园植物进行了观察和研究，大家都很认真。现在有哪位同学想来谈一谈，你在对植物的观察、比较过程中发现了什么？

　　生：我们小组在对木棉树和凤凰木的观察、比较中发现：木棉树的叶子比较大，是绿色的，像心形。前一段时间木棉花开的很旺盛，花的颜色是火红的，很美丽，也很独特。因为它在开花时没有叶子，所以与众不同。

　　生：我来补充：今天我们看到木棉花结的果实，形状像桃核，很坚硬，两头比较尖。裂开的果实里面装着白白的东西像棉花。风一吹，像下雪一样，很美。

　　生：凤凰树的叶子很小，呈椭圆形，一串串排列得很整齐，它的花也是火红的。

　　师：刚才这个小组的同学回答得较好，说明他们观察得比较认真，谁还来讲？

　　生：我们小组观察、比较了鸡蛋花和桂花树。鸡蛋花的树叶是浅绿色的，用手摸上去很光滑，叶肉较厚。它的叶脉一条条很清晰、整齐。花有五片花瓣，呈螺旋形排列。花的颜色是中间蛋黄色，外面呈白色。花有香味。

　　生：桂花树的叶子有褐红色、土色、绿色三种。花很小，呈白色，有四片圆形的瓣，闻起来很香。

　　生：我们小组观察了槐树和含笑。槐树叶子的颜色呈深绿色，形状是卵形的。叶子的边沿还有一条黄色的边，很好看。槐花的颜色是黄色的，有五片椭圆形的花瓣。

　　生：含笑的叶子正面是深绿色，反面呈浅绿色。叶脉规则，叶肉较厚，比槐树的叶子大得多。

　　师：大家谈了很多也很好！除了老师让同学们特别重点观察的植物外，你们还观察到了什么？

　　生：爬山虎的叶子刚长出不久是红色的，长大之后变为绿色。叶的形状呈心形，叶边有小刺。

　　生：红背桂的叶子是卵形的，背面是红色的，而正面是绿色的，真是太神奇了。

生：丝葵的叶子呈扇形，质地很硬，像一把大扇子。

生：月季花的颜色是紫红色的，大约有60个左右的叶瓣，叶的形状是圆形的，盛开时有的花瓣是圆形的，有的变为三角形。

生：小叶榄仁的叶子较小，形状呈卵形，边缘无刺，叶上面有许多小孔。我想，这可能是被害虫咬的。

师：通过今天的活动，同学们总结一下，我们在观察叶子的时候用了哪些方法？

生：我用了看、听、想的方法。

生：我用了摸、闻的方法。

师：用了哪些分类的方法？

生：我们按照形状来分的，可以把叶子分为4种。像心形的叶子、像卵形的叶子、像掌形的叶子、像扇形的叶子。

生：我们是按照颜色不同来分的，花有红、黄、白等3种颜色。

四、简要小结，激励探究

师：在观察物体时我们要用多种感觉器官综合观察，这样认识事物才能比较全面。同学们今天的发现可真不少，老师很欣赏同学们的观察能力、分类能力和思考能力。希望同学们在今后的学习和生活中，注意几个问题：

1. 经常留意身边的一些自然现象，特别是对植物的观察，做一个有心人。

2. 了解更多植物方面的知识。不但要知道它们的名字，还要知道它们各方面的特征。

3. 学会运用已掌握的植物知识，在环保及认识大自然等方面做出积极的努力。

师：课后，同学们可以登陆校园网站，查阅老师给同学们提供的有关植物学资料，以了解更多植物方面的知识。

附： **校园植物调查表**

班级： 姓名： 时间：

比较项目 植物名称	叶的颜色	叶的形状	叶脉特点	花的颜色	果　实	其　他
木棉树						
凤凰树						
桂花树						

【活动评述】

《植物的不同与相同》一课的教学，打破了教材和40分钟课堂时间的局限。教师在课前做了较充分的准备：拍下校园植物的照片；广泛搜集植物方面的图片、网上信息供学生参考、检索；帮助学生获取相关资料，积累知识，并通过实践活动把学习的主动权交给了学生，由孩子们自己去观察，由他们自己去发现。他们不仅用眼看，还用手摸、鼻子闻、耳朵听，培养学生学会观察、善于观察的能力。把学生带到课堂外，让他们投入到大

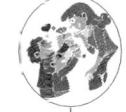

植物的不同与相同

自然中,像科学家那样获得探究的乐趣。让学生从观察身边的事物做起,亲身经历探究发现的过程,能动地认识周围世界,在感性经验的基础上对信息进行整理并提出建议。孩子们在相互争论、研讨的过程中进行交流、分享研究成果,在互动中学到了知识。在这样的氛围中进行学习,可以增强他们的自信心,发挥每个学生的聪明才智,使他们的个性得以张扬,体现了以学生为主体的教学理念。同时在研讨的过程中,使他们善于倾听他人意见,与他人平等交流,尊重他人、尊重事实,养成实事求是的科学态度和良好的行为习惯。而教师在这些活动中,主要任务是协助、辅导学生进行观察,解答他们在观察中遇到的问题,指导他们做好观察记录。

【资料链接】

网址:http://www.bjkp.gov.cn/bjkpzc/tszr/zwdg/zwyrl/index.shtml

(深圳南山区向南小学 李 英)

生命离不开水
——学生厨艺展示大赛（冷盘、拼盘）

【教学内容】

苏教版《科学》三年级上册第三单元第一课。

【设计理念】

在学生学会如何提取植物体内水的方法和了解不同的植物含水量不同之后，安排了这节拓展性的活动课，让学生运用上节课所学到的知识，结合日常生活实际，展示自己的动手能力和创造能力，设计并制作一道色、香、味俱全的菜肴。

【活动目标】

一、过程与方法

1. 能从活动中发现问题和提出问题。
2. 能向大家真实地表达自己的感受。

二、知识与能力

1. 进一步熟悉提取植物体内水的方法。
2. 了解做菜的一般程序、所需配料的种类及量的多少。
3. 在切菜的过程中，探寻技巧，提高切菜的速度。

三、情感态度价值观

1. 体验劳动所换来的快乐及成功感。
2. 能从拼制菜肴的过程中发现美、创造美。

【活动准备】

将瓜果、蔬菜清洗干净，盘子、勺子、刀、案板、厨师帽、围裙等摆放于桌上，所需用的佐料放于桌子的左上角。

【活动过程】

一、复习挤出植物体内水的方法

师：上节课我们了解了生命离不开水，并且学习了挤出植物体内水的方法。下面哪位同学说说你是怎么做的？

生：用手使劲捏。

生：用力拍打。

生：放糖或盐可以使水流出来。
……

二、说说喜欢吃妈妈做的哪道菜？妈妈是怎么做的？
师：同学们，平日妈妈用这些瓜果、蔬菜做什么菜？
生：糖拌西红柿。
生：凉拌黄瓜。
生：水果沙拉、蔬菜沙拉。
……
师：妈妈是怎么做这道菜的呢？
生：先把菜洗干净，切成细丝，然后放入盐、油等。
生：先把水果洗干净，切成小块，放入糖、沙拉酱等。
……
师：你们想不想自己动手做这些菜呢？
生：想！
此时学生们兴奋极了，纷纷议论着各自要做的菜名及其做法，个个都显露出一副跃跃欲试的、激动亢奋的表情，大家竖起了耳朵，瞪大了眼睛，就等待着老师一声令下。

三、学生动手制作自己喜欢吃的菜
制作活动开始了，学生们纷纷忙乎起来，俨然大厨师的架势。整个教室里响起洗菜切菜的声音，此起彼伏。
师：许子倩，你做的是什么菜？怎么做？
许：凉拌黄瓜。先给黄瓜削去皮，然后把黄瓜拍成几段，放入盘中，浇上花生油，撒上一些盐、酱油、醋和蒜泥等，在盘子的四周摆放一些香菜和红萝卜作装饰，一道可口的凉拌黄瓜就做好了。
师：李静宜，你做的是什么菜？怎么做？
李：糖拌西红柿。先把西红柿放在开水里，撕去外皮，然后切成小块，放入盘子里，撒上一些白砂糖，并在盘子四周装饰一些青椒切成的细丝。这样就可以了。
在巡视的过程中，老师发现最有趣的要算是陈嘉宜做的菜了。
师：陈嘉宜，你在做什么？
陈：我做的是"草原七姐妹"。先把鹌鹑蛋的一个角切下来，将切下的这个角再切成一半，这样就做成了兔子的耳朵。剩下的那部分鹌鹑蛋就用来做兔子的身体，将兔耳插进兔身，用两小块红萝卜做兔眼。依此方法，将做好的七只鹌鹑蛋小兔放于用香菜铺成的草原上，上面撒上一些菜心的花，"草原七姐妹"就做好了。
师：不简单，有创意，我再看看这边西式菜的做法。
师：鲍修远，你在做什么？
鲍：我做的是鲍式寿司。
师：你是怎么做的？
鲍：先将熟米饭铺在案板上，用擀面杖擀成圆片，把该圆片放在紫菜片或海苔片上面，然后慢慢卷起成圆筒形，再切成小段，在每一段中间放入一小块火腿和黄瓜片。鲍式寿司就做成了。

师：屈梓润，你做的是什么？

屈：我做的是水果拼盘，我给它取了个名字叫"丰收的喜悦"。

师：你是怎么做的？

屈：先将苹果、梨、泡制好的菠萝、布郎、香蕉、火龙果等切成小块，再放入葡萄、草莓、杨梅、橘子、橙子、青枣等，最后调入沙拉酱，搅拌均匀即可上盘。盘子周围我还放了几张露出笑脸的人物剪纸。

其实同学们中还有做凉拌土豆丝、凉拌萝卜丝、酸辣包菜等，这里不一一列举了。

四、学生作品展示、评比

同学们将制作好的菜肴摆放在讲台上，并且贴上写着菜名、制作人、日期的标签。

最后经评委们公正、严格地评审后，由老师宣布获奖名单：

最佳创意奖：陈嘉宜"草原七姐妹"。

最佳口感奖：许子倩"凉拌黄瓜"。

最佳色彩奖：屈梓润"丰收的喜悦"。

最佳特色奖：刘舒萌"酸辣小包菜"。

最实用奖：鲍修远"鲍式寿司"和"三明治"。

之后，老师宣布：美食品尝活动现在开始。

五、谈谈本次活动的收获或感受

品尝活动结束后，同学们依次回到座位，但仍在回味着、咀嚼着，那兴奋的心情溢于脸上，是满足、快乐、成功……

师：哪位同学说说在这次活动中你有什么收获或感受呢？

生：我喜欢这种活动。

生：希望经常举办类似的活动。

生：刚才削皮时，我的手腕有些酸，但我还是很开心。

……

【活动评述】

通过这次活动，学生们首先学会了做菜的一般步骤。其次，可以亲身感受到劳动的辛苦。通过这次活动，可鼓励他们多参加一些力所能及的劳动，帮助父母做一些家务活。第三，在活动中享受成功的快乐。当同学们在互相品尝菜肴时，看到他们那满足得意的神情和脸上的幸福微笑，我也感到了满足。这样的活动，不正充分体现了科学课提倡的"做科学"的精神和宗旨吗？第四，在制作过程中同学间相互团结、相互帮助，增进了友谊。

（深圳市南山中英文学校　周　敏）

玩 水

【教学内容】

苏教版《科学》三年级上册《生命之源——水》单元第二课《观察水》中的一个小实验。

【设计理念】

大家都知道,小孩子喜欢玩水。水是孩子成长过程中最亲近的自然事物之一。本着将学生定位于科学探究者,突出学生主体地位的思想,根据学生的已有经验及兴趣,以这个实验为平台,把这个实验做深、做透,让学生体验科学探究的乐趣,"玩中学"、"做中学",进一步理解、掌握科学探究的方法,在培养能力及态度的过程中获取知识。

【活动目标】

一、过程与方法

1. 能够装满一杯水且不让水流出来。
2. 能够根据假设设计实验并进行验证。
3. 能够通过实验搜集、记录并整理数据。

二、知识与技能

了解水有表面张力。

三、情感、态度和价值观

1. 能够以认真、细致的态度做实验,如实地记录实验现象。
2. 体会生活中处处有科学,科学并不神秘。

【活动准备】

玻璃杯、烧杯、滴管、白纸、水。

【活动过程】

一、创设情景,引出研究的问题

1. 出示课件:各种与水有关的图片、人在水中的活动资料。

问:你们喜欢玩水吗?你们是怎么玩的?

2. 引出课题:玩水(板书)。

谈话:"玩"是带引号的,它的意思是看起来我们是玩,其实我们是在做科学探究。因为在科学课上,我们都是小科学家,希望大家在这节课上能通过研究发现水的一个小秘密。

3. 明确"玩水"实验,创设问题情境。

(1) 要求:给玻璃杯装满水,要尽量地装满,且不要让水流出来。为了便于观察,杯子下面垫一张白纸。

(注意:玻璃杯放在白纸上就不要动了。装水的时候,要小心,不要把水洒在桌面上,不要把白纸弄湿)

(2) 以小组进行实验。

(3) 师生共同讨论"怎样才算水装满了"。

(4) 发滴管,小心地往玻璃杯里一滴一滴加水。

问:杯子里装满了水,水面是怎样的?

4. 引出要研究的问题。

引导学生思考:

手放在水里,会有什么现象?

小小的回形针放进水里会有什么现象?水会流出来吗?如果水没有流出来,你们认为能放几个回形针?请你们以小组为单位讨论一下,做一个估计(预测)。

二、设计实验,进行验证

1. 各组汇报估计的数量,教师板书。

2. 教师对其中一个小组做估计。

3. 设计实验操作。

(1) 组织学生讨论实验操作步骤,并汇报。

(2) 出示课件,明确实验操作步骤。

① 回形针竖着一个一个地放,隔 ≤~5 s,离水面约 10 cm 高。

② 每放一个,观察水面有什么变化?水是否流出来。

③ 回形针放到水流出来为止。

④ 不要碰桌子、杯子。

(3) 填写实验记录表。

实验记录表

班级_____   第_____小组

我们小组估计放几个回形针	
我们小组放回形针个数统计 (每放一个记一次,用正字表示)	
我们小组放了几个回形针	

4. 做完实验后,请思考以下问题:

(1) 你们估计对了吗?

(2) 能解释这个现象吗?

(3) 你有什么发现?

(4) 你有什么问题?

(5) 你们想知道什么?

5. 教师指导学生小组分工：一个同学记录，一个同学观察水面，另外两个同学轮流放回形针。

6. 放回形针和填写记录表。

7. 分组实验。

8. 小组汇报实验数据。

9. 研讨：为什么没有估计对？有什么发现？能解释这个现象吗？有什么问题？

三、指导学生认识水的表面张力

四、谈谈这节课你有什么收获和体会

板书设计：

玩　水

小组	1	2	3	4	5	6	7	8	9	10	11	12	13
估计													
实验结果													

【活动评述】

一、注重猜想活动

关于猜想活动，本单元首次出现。猜想，是"搞科学"道路上的第一步，它对科学发现、科学概括都起到很大的作用。教师引导学生认识猜想是科学探究的一个重要环节，让学生在实验前先"想一想"，调动他们已有的知识经验，借助于判断和推理，在脑海里产生许多不同的解释模型，给学生机会去表达、去解释。不管预测的对错，只要学生动脑筋去想，有机会去说就是有意义的，他们的思维就有所发展。本节课教师用了较多的时间，让学生以小组形式进行猜想"满满的一杯水放多少回形针，水能溢出来"，板书记录各小组的猜想。意在使学生发现水的表面张力之大的同时，体验"正确认识"是怎样产生的，去感悟、理解科学是怎么一回事。

二、创设问题情境，指导学生科学探究

让学生在玩水的情境中，装满一杯水，要求是满满的一杯水，但水不能溢出来，白纸不能湿。学生很高兴，但他们不知道这是较难的操作。当学生在装满满的一杯水时，就有点发现了，看着水已经满了，少加一滴水，水没有溢出来，再加一滴水，水还没有溢出来，大胆的学生就这样一滴一滴地加水，水面都鼓起来了。学生就问：水面为什么是鼓的？学生在实验中，认真、细致地操作，仔细地观察，小组同学互相合作，主动思考，产生问题，自觉进入到科学探究中去。对"满满的一杯水放多少回形针，水能溢出来"这个挑战性的问题，学生全神贯注地投入到猜想中，积极的思考，讨论如何做实验，怎样记录。在实验中，小组同学互相合作，一丝不苟，准确、及时记录结果，汇报时非常有信心。所有的学生都全神贯注地投入到学习活动中，像科学家那样探究，在探究中得到快乐。

三、学生获得的感受是深刻的

在谈这节课的感受时，学生纷纷举手，急于表达自己的感受，他们表达最多的是情感方面的。实验结果与猜测的差距之大(最多相差150个)令他们惊讶,而导致他们猜错的原因是经验造成的。学生发自内心地说:"原来经验是靠不住的","经验也不一定是对的","我们以后凡事要尊重事实,不要自以为是"。是啊,这是多么宝贵的科学精神。所以这节课的真正收获不是知识方面的,而是情感、态度、价值观的培养,尤其是学生科学探究精神的培养。

【资料链接】

　　水分子是极性分子,水分子被周围相互吸引的其他水分子包围。在最表面的水分子下方有其他水分子吸引,上方却没有水分子吸引它了,所以表面的水分子能在不受力的情况下保持弧形,大大超出杯口的边沿而不外溢,这就是水的表面张力。但是这是有限度的,一旦表面的水分子承受不住拉力时,就会溢出来。

(深圳市珠光小学　路永丽)

水的表面张力

【教学内容】

苏教版《科学》三年级上册第三单元第二课《观察水》中的内容。

【设计理念】

"儿童不对熟悉的物体感兴趣,不对陌生的东西感兴趣,只对既熟悉又不相识的东西感兴趣。"因此,水极易引起学生的研究热情。本活动设计是在前面学生学习了水的一些性质的基础上,通过让他们自己大胆预测,并动手实践检验自己的猜测,从而了解正确的认识是怎样产生的,旨在让学生亲历科学探究的过程,体验探究带来的乐趣。

【活动目标】

一、过程与方法

1. 能够通过观察、实验发现水的性质。
2. 能够用语言准确地描述观察、实验的结果。
3. 知道什么是预测,什么是实验的结果。

二、知识与技能

了解水的表面张力。

三、情感、态度与价值观

1. 体验发现的惊喜与快乐。
2. 在探究过程中,能愉快地和他人合作,并细心观察实验。

【活动准备】

小量杯、一元钱硬币、滴管、镀锌水泥钉

【活动过程】

一、引入

教师谈话:通过前面的学习,我们了解了水的很多性质。今天,我们来做几个小游戏,看看你们是不是真正地了解水。

二、硬币滴水的游戏(了解水的表面张力)

1. 讨论、预测。

教师谈话:介绍游戏。

用滴管在一元钱硬币上滴水,猜一猜一元钱硬币上可以滴几滴水?

小组活动：分组讨论，在小组内交流个人的意见。

每位同学自己预测游戏结果，并把自己预测的结果与其他同学交流，特别是相互交流自己预测游戏结果的依据，要让同组的同学能够了解自己思考的过程。

2．做游戏。

小组活动：分组游戏，游戏时要注意以下几点：

（1）游戏时注意观察硬币上的水。

（2）一滴滴地加水，并记录水溢出时加了几滴水。

3．汇报、交流。

全班活动：各组分别汇报自己的游戏结果，之后以个人为单位向全班同学汇报自己在游戏过程中所观察到的现象、新的发现以及想要知道的问题。在教师的主持下，重点围绕同学们提出的以下几方面的问题展开全班讨论：

（1）大多数同学都感兴趣的问题。

（2）关于这个游戏的原理——水的表面张力的问题。

4．小结。

通过这个游戏学生已经了解，即使硬币上的水多到超过硬币的边缘，水也不会溢出硬币，但不能总结出水的这种性质的名称，教师可以介绍这是因为水的表面张力的原因。

三、水杯中放钉子的游戏（感受水的表面张力有多大）

1．讨论、预测。

教师谈话：介绍游戏。

在小量杯里加满水，看一看这个水杯里放几枚镀锌水泥钉时，水才会从水杯里溢出。

小组活动：分组讨论，在小组内交流个人的意见，并形成统一的意见。关于"满"的概念，每个学生的理解是不同的。教师可以让学生先自己给小量杯里装满水，自己看到"水满了"，并依据看到的钉子大小，做出自己的预测。如果有的小组水面低于小量杯的杯口，可以提醒他们"还可以再加点水，还不到杯口呢！"。教师也可以统一要求"水面与小量杯的杯口齐平"，然后向学生出示钉子，再让学生做预测。

2．游戏。

小组活动：分组游戏，游戏时要注意以下几点：

（1）游戏时注意观察水杯的水面。

（2）水泥钉一个一个缓慢放入水中。

3．汇报、交流。

全班活动：分组汇报自己的游戏结果，并在小组内讨论游戏结果，试着对游戏的现象做出解释。

4．小结。

通过这个游戏，学生亲身体验了水的表面张力到底有多大，可以让学生谈谈对这个游戏的感受或收获。

四、生活中水的表面张力

全班活动：联系游戏，讨论生活中有哪些实例体现了水的表面张力，进一步熟悉水的表面张力。

五、延伸问题

教师谈话：由于水的表面张力，瓶盖总是停留在水面的边缘，你能想办法让盖停留在水面的中央吗？本活动作为延伸留给学生课外思考，考查学生对水的表面张力这一知识的理解与应用。

【活动评述】

本活动设计主要体现了以科学探究为核心的科学学习过程。提倡以科学探究为核心组织科学课程的教学，是本次科学课程改革的重要思想。教材内容的组织从便于学生的探究性、研究性学习的角度出发，而不是从教材"固定"的知识体系出发。本活动设计弱化教师的主导作用，强调学生自己发现问题，自主讨论问题的原因，把研究问题的权利交还给学生。活动中，重点不是教概念、记结论，而是通过学生的一系列动手实践活动，进一步认识水的性质。活动中有计划、有步骤地展开游戏情境，让学生在游戏中观察、交流与分析，并最终形成结论。让他们在此过程中进行科学课程的学习，从而落实教学的具体目标。

（深圳市后海小学　张　钊）

研 究 纸

【教学内容】

苏教版《科学》三年级上册第五单元。

【设计理念】

纸是常见的物质材料,是中国古代四大发明之一,在生活中具有广泛的用途,对社会的发展起了重要的推动作用。本课教学旨在让学生了解纸的常见种类、性质、用途,养成节约用纸的好习惯,加强保护自然资源的意识。

1. 科学源于生活,用于生活。纸是生活中应用非常广泛的一种材料。本课的教学内容就从生活中的纸入手,让学生了解纸的一般性质和用途。

2. 学生是科学学习的主体,科学学习以探究为主。学习科学应该是学生主动参与的过程,亲身经历以探究为主的学习活动,是学生学习科学的主要途径。关于纸的研究,老师只是创造各种条件,引导学生观察思考,像科学家那样自行制定实验方案,自主探究得出实验结果,然后进行汇报交流。

3.《科学》课程的内容要满足社会和学生双方面的需要。关于纸,学生比较熟悉,只是没有较为系统地学习。本课教学可让他们更好地了解纸的有关知识,意识到节约用纸和保护天然资源的重要性。

【活动目标】

一、过程与方法

1. 能够运用感官和工具对纸进行深入研究。

2. 能够运用语言和文字表达探究结果,并进行交流。

二、知识与技能

知道纸的一般特性和常见用途,把纸的性质和用途联系起来。

三、情感、态度与价值观

1. 意识到保护自然资源的重要性。

2. 养成节约用纸的好习惯。

3. 体会与他人合作的重要性。

【活动准备】

各种纸的工艺品(如千纸鹤、纸窗花)、各种纸样品(如牛皮纸、砂纸、荧光纸等)、课件动画(关于纸的发展和制造)、实验记录表、滴管、烧杯等。

【活动过程】

一、引入

拿出精美的纸工艺品(千纸鹤、纸窗花),问:"同学们,你们知道这些工艺品是用什么材料做的吗?"

(学生都会说是纸)

"不错,刚才大家看到的这些漂亮的工艺品都是用纸做的。纸是日常生活中非常有用的材料。谁能说说,我们身边哪些物品是由纸做的?"

(学生的答案很多:书、作业本、纸巾、地图、信封、圣诞小卡片、报纸、纸箱、纸币等)

"同学们的回答非常好,我们身边很多东西都是用纸做的,这说明什么问题呢?"

(学生:说明了纸在日常生活中有非常重要的作用。)

"既然这样,我们就应该对纸做进一步研究。"

二、转入正题

师:同学们,你们对纸有哪些了解呢?你知道常见的纸有哪些吗?

生:我知道纸是我国古代四大发明之一,是东汉的蔡伦发明改进的。

生:我知道纸有复印纸、砂纸,还有写毛笔字用的书写纸。

生:我知道最早的纸是用树皮和破布做的。

生:我知道纸还有复写纸、牛皮纸。

师:看来,同学们对纸的了解还真不少。(投影纸的标本)好好观察一下,这些纸样品,你们见过吗?你能找找它们的不同之处吗?

生:它们的颜色不同,厚薄也不一样。

生:摸起来它们的光滑程度应该也不同。

生:我觉得它们的吸水性不一样。

生:它们的用途也不同。

师:同学们观察得很仔细,那你们怎样比较各种纸的厚薄呢?

生:可以用眼睛看。

生:用放大镜观察。

生:眼睛看不行,应该用手摸。

生:用手摸也不好,最好用手撕开纸,感觉一下。

师:看来同学们的想法很多,关于纸的厚薄,眼睛看不行,要用手摸一下,判断不出还要把纸撕开。那纸的吸水性,你们又有什么办法进行研究呢?

生:把纸放进水里,看看哪种纸先湿。

生:这样不好,可以滴一点水在纸的上面。

师:刚才几个同学的想法都很好,怎样比较纸的吸水性呢?你们自己先小组讨论,再动手实验,看看结果如何,然后大家汇报一下。

三、小组活动

给每个小组分发纸的样品标本、实验记录表、滴管、烧杯,从纸样品中选出四到五种纸,自行设计实验方案并进行比较,把实验结果记在记录表上,各小组再进行汇报,看看哪个小组同学观察得最仔细。

样品	厚薄	颜色	光滑程度	吸水性	用途

四、小组汇报

让各小组把自己的实验结果进行汇报交流,谈谈所用的实验方法。

小组一:我们比较的是毛笔书写纸、宣纸、复写纸和荧光纸。我们是用手轻轻撕开纸的办法来比较它们的厚薄的,得到结果是这样:

样品	厚薄	颜色	光滑程度	吸水性	用途
毛笔书写纸	很薄	土黄	有点粗	吸水性好	写毛笔字
宣纸	很薄	白色	有点滑	吸水性好	书法绘画
复写纸	薄	深蓝	光滑	不好	复写
荧光纸	比较厚	白色	光滑	不好	发光

小组二:我们选择的是牛皮纸、复印纸、砂纸和蜡纸。它们的吸水性是通过把水滴在纸样品上面来比较的。我们发现:

样品	厚薄	颜色	光滑程度	吸水性	用途
牛皮纸	比较厚	有点土黄	光滑	不好	包装袋
复印纸	一般	白色	光滑	一般	复印打印
砂纸	很厚	淡黄	粗糙	不好	打磨
蜡纸	很薄	灰白带有小格	很黏手	不好	包装防潮防污

师:通过比较以后,你们有什么发现?对纸有了哪些了解?

生:我知道纸有很多种,有些还具有特殊用途。

生:通过实验比较,我发现蜡纸的吸水性最差,所以蜡纸的防水效果最好。

生:我知道了纸不全都是柔软的,有些很硬,例如钢纸就像钢铁那样硬。

生:我知道了纸的颜色有好多种,木纹纸的外观像木板一样。

五、纸的发明和制造

师:造纸是我国古代四大发明之一,关于纸的发展历史,你们了解吗?

生:我知道纸是东汉时期的蔡伦发明改进的。

生:当时的纸是用树皮、破布、旧渔网做成的。

生:在纸出现以前,人们是把文字写在动物骨头或竹简上的。

师:同学们说得很好,纸是我国古代劳动人民集体智慧的结晶。下面,我们一起看看纸的发明和制造过程。

演示课件,介绍纸的发展及制造过程。

【活动评述】

关于纸,学生已不再陌生。很多学生做了各种精美的纸工艺品,把这些工艺品拿到课堂上来,其他学生的眼光就被紧紧吸引住。这样导入教学,自然而高效。接着,"你见过哪些纸?关于纸你了解些什么?"鼓励学生进行热烈讨论,为后面教学的开展做好铺垫。课的高潮,是让学生从几十种纸样品中,选出感兴趣的样品,自行设计方案,自主进行探究,充分体现了"学生是科学学习的主体,科学学习以探究为主"的课改理念。接下来的汇报交流是学生"头脑风暴式"思维碰撞过程,学生从中不仅对纸有了更多发现,同时也开阔了他们的思维。激发和保持学生科学探究的欲望,维持他们好奇的天性,在小学科学教学中显得尤为重要。老师要从生活入手创设各种情境,使孩子们像科学家一样进行研究学习,让他们学会观察事物、发现问题、寻求方法,最终解决问题。

【资料链接】

一、纸以前的书写材料

文字发明以前古人以结绳记事,由于无法辨认绳结所代表的事物,经常出现错误。文字出现以后,我国先民曾利用甲骨、金石记事。金石笨重,使用起来很不方便。在纸出现之前,竹简、木牍、缣帛是主要的书写材料。竹简、木牍十分笨重,所占的空间又很大,写作和阅读都很不方便。秦始皇统一天下后,政事不论大小,全由他一人裁决。他规定一天看章奏(竹简)120斤(秦一斤折合现在的半市斤),不看完不休息,可算是一个"体力劳动者"了。缣帛虽然便于书写,但价格昂贵。汉代一匹缣(2.2汉尺宽,4.0汉尺长)值六石(720汉斤)大米,只有少数皇家贵族才能享用,一般人根本用不起。

二、造纸原料的发展

造纸原料的多样性是造纸发展的一个重要方面。西汉时期的纸大都以麻为原料,东汉也以麻纸为主。到蔡伦时期,人们又利用树皮(主要是楮皮)造纸。此后,各种树皮纸纷纷问世。魏晋时期人们发明了桑皮纸、藤皮纸。唐代又出现了利用某些香树的树皮造的纸,称为香皮纸。特别值得一提的是用竹子造纸,唐中叶出现了竹纸。竹纸的发明使造纸的原料大大丰富了。竹料制浆难度较大,必须改进制浆方法,提高制浆效率。我国劳动人民在唐代就解决了这个问题。竹浆造纸可以说是现代木浆造纸的先驱。

以青檀皮为原料的宣纸,至今享有盛名,据《新唐书》记载,唐代宣州生产的纸为贡品。有人认为,这可能就是宣纸的名称由来。宋代安徽徽州是当时的纸业中心之一。宋末,泾县开始生产宣纸。

(深圳市育才三小 邓柏涛)

蜗　牛

【教学内容】
　　苏教版《科学》三年级下册第一课,也是科学教育出版社《科学》三年级的教学内容。
【设计理念】
　　我教过苏教版和科教版这两套教材,对《蜗牛》这一课的学习内容有比较深的认识和体会。教学《蜗牛》这一学习内容,我的设计理念是充分展开教学过程,为学生的学习活动提供足够的机会,同时引导学生用各种方式充分参与学习,让学生获得真切的体验,促进学生多方面的发展。
【活动目标】
　　通过教学可以让学生能够较全面地了解蜗牛的身体构造和生活习性,并认识到蜗牛的生活习性是与它的身体构造有关的;让学生的观察能力、对知识的整理能力和语言表达能力得到较好的锻炼和提高,同时使他们会正确使用放大镜观察物体的细小部分,能够设计简单的实验研究蜗牛的运动,培养对科学研究活动的兴趣。
【活动准备】
　　教师事先对蜗牛的生活环境进行勘察踩点,每一位学生准备一个放大镜和盛蜗牛的器具。随着研究活动的推进,还要准备研究蜗牛的各种食物及细线、白纸等物品。
【活动过程】
　　蜗牛是三年级学生非常感兴趣的小动物,这种动物易于捕捉,无毒,易控制,便于所有学生观察研究,是小学科学课中非常难得的学习材料,因此充分用好这一学习材料,能有效地促进学生科学素养的发展。我安排的学习活动有说蜗牛、找蜗牛、看蜗牛、画蜗牛、逗蜗牛、讲蜗牛、写蜗牛等7项,教学时间为4课时。

　　一、说蜗牛

　　一说。知道的蜗牛的事情。学生已经知道蜗牛的哪些事情,让学生充分地讲出,可以了解学生的生活经历和知识背景,同时也是同学之间的一种交流过程,使一个同学的经验变成全班同学的共同财富。同学们一般只能说出蜗牛的大小,蜗牛一般在雨天出现,蜗牛喜欢生活在草丛中、小植物下,这样我就较好地把握了学生学习的起点。
　　二说。想知道的蜗牛的事情。学生想研究什么,顺应学生的需要组织安排教学活动,这是提高教学有效性的重要方法。我在教学中安排了让学生谈自己想研究蜗牛的什么问题的活动。学生说:"我想知道蜗牛为什么爬得很慢"、"我想知道蜗牛的嘴是什么样的,它是怎样吃东西的"、"蜗牛有没有鼻子"等问题十多个,气氛非常热烈,学生研究的兴趣被激发了。

二、找蜗牛

正在学生研究欲望被调动起来之际，我说："这些问题很好，我们都能够研究，但是现在没有蜗牛怎么研究？"学生异口同声答道"我们去抓蜗牛。"到哪里去抓？怎样抓？我顺势同学生一起研究在室外抓蜗牛时应注意的问题。

之后我把学生带到室外花坛外围的小叶黄杨树丛边，让学生自己抓蜗牛。学生拨开草丛树枝树叶，仔细查看，神情非常专注。他们找到蜗牛时很激动、不断发出"我找到了"的大叫声，引起还没有找到的学生的羡慕。在找蜗牛的过程中，学生初步清楚了蜗牛与周围环境的关系，知道要把蜗牛放在瓶子里、树叶上或塑料袋内，还要加一点水；意识到了不能损坏植物，要注意安全。如果按照教材上教师事先准备好蜗牛，让学生直接研究，那么就会失去这些很好的教育机会，我认为是对这一教育素材的浪费。

三、看蜗牛

观察蜗牛是教学的重点，要指导学生清楚观察内容和观察方法。

我从静态和动态两个方面提示观察内容，如我们可以仿照人体的构造看蜗牛的身体构造，看蜗牛是否有嘴、眼、鼻、脚、身子；看蜗牛的嘴、眼、触角等各部分的样子；看蜗牛怎样吃东西，怎样伸头缩头，怎样爬行等等。观察蜗牛时要用眼细心观察，可以用放大镜帮助观察。

我留给学生充裕的时间，让每一个学生都能对蜗牛有一个比较全面的观察，并把观察到的情况作为"我的新发现"记录下来。在观察过程中学生会产生许多疑问，也要求学生作为"我的新问题"记录下来。

四、画蜗牛

为了检查学生观察蜗牛是否仔细，是否全面，能否抓住蜗牛的特点？我让学生画一只真正的蜗牛，而不是想像中的蜗牛。学生可以根据记忆来画，也可以对照着蜗牛来画。

五、逗蜗牛

对学生在观察活动中产生的新问题和学生在课前想研究的问题，我安排了近一个课时的时间让学生自己研究。学生可以选择自己喜爱的问题，以学习小组为单位来进行研究。我提示学生在研究问题前，一定要拟定一个研究方案，比如研究"蜗牛能在哪儿爬"，就要提供各种不同的情境，有桌面、玻璃、瓶壁、尺子、细线、纸上、泥土中、沙土中等等，让蜗牛在上面爬，看它怎样爬。其实让学生放开手脚研究的题材是很丰富的，比如学生研究蜗牛的爬，内容有怎样爬得快、爬得直，怎样让蜗牛改变爬的方向，爬行中留下的水痕有什么作用等等。学生在研究活动中的认真劲是我们成年人难以想像的。

六、讲蜗牛

举行"我的蜗牛"交流会，让学生讲述自己观察研究蜗牛中的新发现，提出在研究过程中产生的新问题，可以使一个或几个同学的经验变成全班同学的共同财富，从而实现经验共享。

在交流中，我让介绍者到讲台前，庄重地发表自己的研究成果，用口头讲述、投影演示、图画以及实物演示等方法,全面介绍自己观察研究蜗牛的新发现。让其他同学认真倾听,听清介绍者的讲述,还可以提出自己的疑问,与介绍者对话。学生在交流、对话中,对自己的研究成果进行了一定的整理,表述自己研究成果的能力、演讲能力也得到了提高,同时也获得了自信和其他同学的尊重。这一活动我认为不要怕花费的时间多,要让学生说充分、讲明白、听清楚,达到共同提高的目的。

七、写蜗牛

经过以上几个环节的活动,学生对蜗牛的研究活动大致完成,但是学生的研究兴趣却仍然很高,于是我安排了一个"写蜗牛的故事"的活动,让学生写出自己在研究蜗牛过程中发生的有趣故事,或者是根据自己对蜗牛身体、生活习性、运动特点的了解来编写蜗牛的故事。

由于对蜗牛进行过深入的观察和研究,学生能很快动起笔来,写出了一篇篇生动有趣的蜗牛纪实故事、童话故事,洋溢出浓厚的童真童趣。

【活动评述】

教材是我们教学的一个依据,是通过"物化教材的过程"来促进学生的发展。教师的教学不是为了完成"教材上规定的教学任务",而是要善于驾驭教材,充分挖掘教材的教育价值。《蜗牛》一课,如果按照教材上安排的1课时来组织,那么安排再好的教学活动都会变成走过场,教育的力度将会大打折扣。用好用足教学素材,充分发挥其教育作用是这课教学设计的一大亮点。

在教学中学生的主体性很容易被教师削弱,要真正把学生置于学习的第一位,说起来容易做起来难。本课的教学活动都是从学生的角度来设计的,根据学生的兴趣爱好、活动特点来设计,让所有的学生始终能够参与到活动中去,没有学习的"旁观者",使所有学生都获得了发展,这也是这课的特点之一。

(深圳市南山区海湾小学 廖作永)

物体改变形状以后

【教学内容】
苏教版《科学》四年级下册《无所不在的力》单元第二课。

【设计理念】
本课遵循美国兰本达教授关于结构化材料设计的思想,选取了有代表性的几种材料:海绵、橡皮筋、弹簧(拉簧、压簧)。引导学生通过对这些材料的探究,归纳、概括出它们的特征,总结出物体的这种性质叫"弹性",进而让学生感受"弹力",并通过往弹簧上挂不同个钩码的活动,让学生找到弹簧拉伸长度与拉力关系的规律。

本课的教材内容可分为两大部分:

1. 认识物体的弹性,建立"弹性"、"弹力"的概念。利用典型材料,学生通过用多种感官、多种方法对物体进行感知,通过捏、压、挤、拉等动作,体会这类物体的共同属性:在外力作用下形状会发生变化,去掉外力后会恢复到原来的形状。总结出物体的这种性质叫"弹性",感受形变物体的弹力。

2. 研究弹簧拉伸长度与拉力的关系。通过学生的量、挂、看、分析等活动,认识弹簧的拉伸长度与拉力(钩码的个数)成正比的规律,即挂的钩码越多,弹簧拉伸得越长。

本课的发展线索是以"弹力"为脉络展开,组织了对典型有结构材料的认识并找出其弹性,引导学生研究橡皮、橡皮泥并进一步理解弹性(恢复原状),感受弹力。通过一组探究活动,建立弹簧伸长与所挂钩码数量之间的关系,发现其中的规律,构建一种感性弹力与形变关系的认识,让学生感受到弹力是有规律的,为将来进一步学习胡克定律奠定基础。以实现课程标准上制定的"对学生科学素养的培养,即在活动中培养学生的观察实验能力,利用多种方法感知事物的能力,归纳概括的能力"和"能用简单测量工具对物体进行定量观察,采集数据,并作简单记录"的目标。

【活动目标】

一、过程与方法

1. 能够探究发现生活中弹性物体的共同点。
2. 能够做研究弹簧伸长与拉力之间关系的实验。

二、知识与技能

1. 初步认识弹性、弹力,形成弹性、弹力概念。
2. 了解弹簧伸长与拉力之间的关系。

三、情感、态度与价值观

1. 愿意去研究生活中的弹性现象。
2. 乐于与他人合作。

【活动准备】

铁架台、演示的小黑板、课件、弹簧、海绵、橡皮筋。

【活动过程】

一、创设情境

同学们,今天老师给大家带来了一些物体,你们都认识吗?(教师依次出示:弹簧、海绵、橡皮筋)这些物体都是在我们生活中能够见到的。你们研究过这些物体吗?我们今天就来研究这些物体,看看改变这些物体的形状后会怎么样?你们想不想研究这个问题呢?(板书:物体形状改变以后)

二、探究弹性、弹力

1. 以多种有结构的材料探究弹性。

(1) 老师为每组的同学都准备了很多材料,在研究之前,老师想知道你们准备用什么方法来改变这些物体的形状呢?(拉、捏、压)

下面就请同学们用这些方法来改变这些物体的形状,一边做一边观察,你看到什么现象?

(2) 学生动手操作。

(3) 交流操作感受和发现。

① 能不能把你做的和看到的在黑板上画出来呢?(力可以用箭头来表示)

② 学生动手在黑板上画并说出自己是怎样做的和看到了什么。

③ 现在请同学们看黑板,这些物体有什么共同的特点呢?(用力改变形状后松开手又能恢复到原来的形状)

小结:这些物体用外力使它形状改变后,去掉外力都能恢复到原来的形状,我们把物体的这种性质叫做弹性。(板书:弹性)

2. 不同材料的比较,以加深对弹性的认识。(明确有弹性的物体一定能恢复原来的形状)

① 在日常生活中还有哪些物体具有弹性?弹性有什么作用?(课件展示:衣袖、撑杆、床垫、跳板、车的减振器、……)

② 橡皮泥有弹性吗?为什么?(出示橡皮泥)你们想不想试一试呢?有没有弹性?为什么?

3. 以典型材料探究弹力。

① 弹簧具有弹性,能恢复到原来的形状,恢复到原来的形状时还要我们用力吗?那是谁的力呢?

② 对了,当我们放手时,弹簧本身有个反抗的力量使弹簧马上恢复原形,我们把这个力称为弹力。

③ 再试一下其他物体。

三、探究拉力与弹簧拉伸长度的关系

1. 提问：怎样才能使弹簧拉得更长呢？弹簧拉伸长度有什么规律呢？下面我们就来探究拉力与弹簧拉伸长度的关系。

2. 出示实验材料，讲解实验要求。

（1）每个小组一个弹簧，先测出弹簧的长度。

（2）在弹簧上挂钩码，然后测出弹簧的长度，用现在的长度减去原来弹簧的长度，等于弹簧伸长的长度。

（3）按挂钩码的个数挂在前面的小黑板上，并画出你的弹簧伸长的长度。

3. 学生分组实验。（每个组挂的钩码数不同，推测出挂 4 个和挂 6 个钩码时弹簧的长度）

4. 观察、讨论实验结果，总结出拉力与弹簧拉伸长度之间的关系。

5. 根据这个规律，我们能用它做什么呢？（弹簧秤）

四、拓展延伸

1. 如果无限制地将重物挂下去，弹簧会怎样？

2. 乒乓球是有弹性的物体，如果用力捏，会怎样？能不能再恢复原形？这是弹性限度的问题。任何有弹性物体，都有一个弹性的限度，就是说，当外力过大了，超过弹性限度了，物体就不能恢复原形了。

3. 课后你们可以拿橡皮筋做实验，将橡皮筋一端挂上较重的物体，挂的时间长一些，看看橡皮筋能不能再恢复到原来的形状。

板书设计：

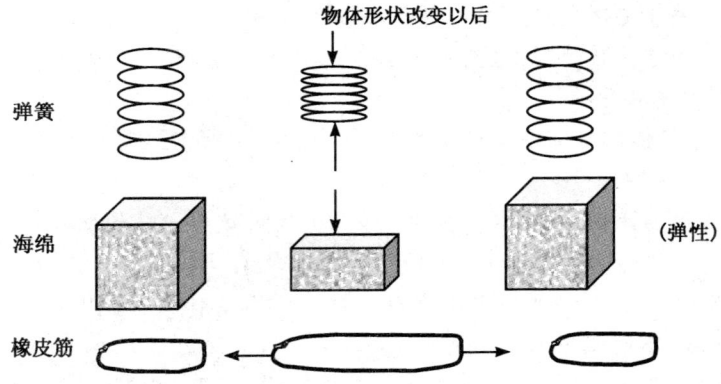

（箭头所指为用力方向）

【活动评述】

《物体改变形状以后》一课的设计及教学，充分体现了由教师如何讲向看学生如何学的转变，由教书向教人的转变，由讲述者向促进者的转变；充分体现了对学生课堂生命力的尊重，对学生积极主动性的促进，对学生个性潜能的挖掘；体现了教师全面提高每一个学生科学素养的育人观，具体体现在：

1. 面向全体，注重差异，渗透科学方法，促进学生学习能力的发展。由学生身边的

实物海绵、橡皮筋、弹簧等提出问题切入课题,一开始就引起了学生的兴趣,集中了学生的注意力,在一连串的问题提出及对问题的解决过程中,在师生间、学生间的互动中,在学生动手实践、动脑思维以及表达过程中,每个学生都获得了个性发展的空间。在研究弹性和弹力的过程中,通过指导,使学生、观察和思考怎样改变物体的形状,感受改变形状的过程。通过概括、归纳得出特征,使学生逐步感受到了科学研究的基本方法,促进了学生学习能力的发展,也充分展示了老师对此类问题驱动式内容的教学风格。

2. 互动面大,教学方式充分体现自主探究与合作的良好氛围。整个课堂都是一个动态的过程,有师生互动,问题启发与学生思考、回答;学生互动,学生间讨论与协作等。学生的参与面很大,兴致很高,效果很好。学生在问题的驱动下,主动地利用器材探究物体改变形状的规律。在活动过程进行分工、协作,学生不仅探究出了知识规律,更体会到学习和合作过程中的快乐。

3. 教学手段形式多样合理,达到形式与内容的整合。课堂上有学生动手实验验证、实验探究、板画展示、结论陈述,学生间、组与组的讨论、多媒体图片展示、小黑板演示与推理等,最后达到问题的拓展与延伸:无限制地将重物挂在弹簧上会怎样。形式多而不杂,形式多但始终围绕主题,从而很好地实现了教学目标。

(北大附中深圳南山分校小学部　李柏峰)

观 察 蝗 虫

【教学内容】

苏教版《科学》三年级上册《自由研究》单元。

【设计理念】

本节课是一节实验探究课,其观察研究是建立在学生原有的一些生活经验和观察能力基础上的。很多学生对小动物都充满兴趣,不仅表现在其从教科书以及各种书籍、资料中了解有关小动物的知识,而且有的学生还饲养过小动物,但学生知道的较为肤浅,没有深入了解、观察、研究,于是我根据学生的年龄特点和兴趣爱好,大胆对教材进行重组、扩充、整理、修改后自编设计,改为以探究性学习为主的教学研究课。我选定蝗虫为代表来指导学生学习昆虫知识,学生学习本课内容后还可以为将来学习其他各种各样的小动物以及动物的分类知识奠定基础。

基于以上思考,我是这样设计教材的:

1. 了解蝗虫的生活习性、行为特征。
2. 观察蝗虫的外部形态特征以及结构功能。
3. 学会判断什么是昆虫。

【活动目标】

一、过程和方法

初步学会用科学的方法来观察蝗虫,了解蝗虫的外部形态和生活习性、行为特征等基础知识,能发现、提出问题,选择适合自己探究的问题,解决问题并得出结论。

二、知识与技能

1. 知道蝗虫的生活习性和外形结构特征。
2. 学会用放大镜观察蝗虫。
3. 能够做简单的记录并整理记录。

三、情感、态度与价值观

1. 培养学生探索小动物的兴趣。
2. 通过观察活动,体会只有耐心细致的科学态度才能有更多的发现和收获。

【活动准备】

教师准备:课件、蝗虫(标本)、放大镜、记录表、培养皿、大头针、塑料泡沫、显微镜、蝗虫口器的永久性装片。

学生准备：蝗虫、搜索和查找蝗虫的相关资料。

由于教学进度正好是在秋后，理论上说课前发动学生捕捉蝗虫是很容易的事。有了实物，课上的安排就可以围绕着实物的观察而展开。但是，在城市较少见到蝗虫的踪迹，所以事先我准备了蝗虫的实物标本。

【活动过程】

以"实物引入"的方法来设计教学过程比较适合本课的特点，也是大多数学校和科学教师容易做到的，同时对激发学生的兴趣有较好的效果。现就这种方法谈谈本课题具体的教学活动。

一、情景教学与实物教学相结合引入

出示课件与蝗虫（蝗虫标本）：让学生对蝗虫有个感性、直观的认识，然后结合学生上网收集的资料，让学生自由发言，谈谈自己对蝗虫认识了多少。

教师补充说明：

蝗虫是学生学习昆虫知识的典型标本，它个体较大，分布很广。

蝗虫又是曾在我国历史上造成严重灾害的农业害虫。

	蝗虫
生活习性	生活在陆地，白天活动，吃庄稼……
行为特征	飞行，跳跃速度快，停飞是翅膀合并收起……

示：蝗虫生活习性和行为特征

二、观察探究、引导发现

教师以提问的方式：怎样才能更深入了解蝗虫？学生发言：用放大镜观察。（期间，把蝗虫用大头针钉在塑料泡沫上固定，便于学生观察）这一阶段教师放手让学生自由研究。教师要提醒学生把在观察中发现的新问题记录下来，同时还要培养学生的观察能力，学会由表及里、从头到尾的观察方法。

学生讨论交流并记录。

班级：　　　　　小组：　　　　　组长：

我的发现	有何作用
蝗虫有……	……
蝗虫有……	……
蝗虫有……	……
蝗虫有……	……

示：蝗虫的观察记录卡

值得一提的是：蝗虫的触角、翅、眼睛、足都比较容易找到，但蝗虫的眼睛比较特别——是复眼（跟苍蝇一样），还有蝗虫嘴巴外沿有两个颚片，教师注意引导学生观察发现，而位于胸、腹部的气门学生是很难发现的，即使发现了，学生也可能由于不懂而忽略。

三、启发教学、总结归纳

教师备课时要根据课上所讲的内容设计一系列的问题，从而启发学生去观察、思考,最后获得正确答案。例如,在观察外部形态时,可以设计几个简单的问题:"蝗虫身体可以分成几部分?"学生对蝗虫身体可以分为几部分,概念是比较模糊的,教师应多花点时间在此问题上进行讲解(1.可举例说明,如蚂蚁。2.也可引用知识点,直接告之),以便学生明白蝗虫的身体结构是由头、胸、腹三个部分组成,便于后面开展教学。

除此以外,可以再提出"头部有些什么结构?""足是长在什么部位?"然后再提出"腹部有什么特点?""雌雄个体的腹部末端相同吗?"等问题,以此来引导学生进行观察。当观察到一个形态特点时,教师要立刻将此特点的生理功能设计为问题并提出,以便学生小结。例如,当观察头部时,教师可以提问:"蝗虫头上的这对触角是用来干什么的呢?"在学生积极地讨论之后,教师讲出答案:"它是蝗虫的嗅觉器官,不信吗?以后有时间的话我们可以通过实验来证明"。

随后学生各小组交流讨论并总结出蝗虫与昆虫之间的关系:

	观察蝗虫的特征	昆虫的特征
身体分节	……	头、胸、腹三个部分
触角	……	一对
足	……	三对
翅	……	两对

示:蝗虫与昆虫外部形态对比表

四、分析判断、对比联想

1. 通过学习蝗虫的知识,你对昆虫的知识理解了吗(略)?

蜜蜂	蝴蝶	蚊子	苍蝇	蜗牛	蚯蚓	尺蠖	蚕	蛹
以上列举的动物中
哪些是昆虫:
哪些不是昆虫:
哪些不肯定的:

补充说明:按动物学分类来说,蚕、蛹不是昆虫,它们只是昆虫的幼体,发育长大后才成了昆虫(不用提及"变态"概念和类型,可能干扰学生思维,不利于教学)。

2. 提问:关于蝗虫同学们还想研究什么问题呢?
3. 学生思考后提出问题。

生:蝗虫是怎样飞行的?能飞行多久、多远?
生:它们是怎么捕食的呢?吃什么呢?
生:它们的翅跟蜜蜂的相同吗?
生:蝗虫的雌雄有哪些不同?
生:蝗虫与蚱蜢有什么不同?
生:它们是怎样繁殖后代的呢?
……

师:好,老师满足同学们一个愿望。老师准备了显微镜和蝗虫的口器的永久性装片,那么剩下的时间同学们仔细观察,蝗虫的口器在显微镜下是怎么样的?

……

五、拓展延伸(课外)

实验 A：证明头部的触角是蝗虫嗅觉器官的小实验。

实验 B：证明胸、腹部的气门是蝗虫呼吸器官的小实验。

(课后让学生去做,然后在课上进行讨论。还可以将两个小实验设计成小论文的题目,让学生以小组为单位进行观察记录,最后写出论文在课上宣读。)

【活动评述】

本课教学过程为学生通过观察蝗虫,提出问题,找出可以在课堂上研究的问题,进而分析研究问题,得出结论。

1. 实验课教学中,教师始终把学生置于主体地位,让学生充分参与学习过程,使学生在探究活动中得以发展。

2. 关于探究活动组织：教师在指导学生探究时,着眼于学生科学素养的提高,在本课中主要培养学生的思维能力、分析解决问题的能力,初步形成科学的学习方法。

3. 自由研究的教学强调给学生充分的学习时间,但是增加学生的自由度并非放任自流。换句话说就是不单内容选择方面相对显得更加"自由"了,学生主体作用发挥的空间也相应地变"大"了而已。

4. 学生将大脑和双手结合起来,学生的学习观念已经转变为积极主动的"我要学"。使所有的学生都能亲自动手观察,能力都能得到发展,真正体现"做中学"。

这也是现阶段我们课改教师所追求的。

【资料链接】

http://jontyprivatepage.anyp.cz

(深圳市华侨城小学　蔡俊添)

土壤里有什么 1

【教学内容】
苏教版《科学》三年级下册第二单元第一课。

【设计理念】
本课以开放性教学理论为指导。开放性教学理论要求教师在教学中摆脱教学大纲的束缚,摆脱教室的束缚,摆脱教材的束缚,摆脱教学固定程序的束缚,拓展开发教材内容,设计灵活多样的课堂教学内容,为学生创设一个立体化、民主化、多边化和生活化的自由空间。

在设计教学活动时,从学生日常经验出发,引导学生通过观察活动,了解土壤,亲近自然到保护土壤,爱护环境,层层深入,逐渐展开,把环保意识不知不觉地渗透到学生的思想中,让学生从现在做起,从我做起,做一个保护土壤的小主人。

【活动目标】

一、过程与方法

1. 能够用多种感官和多种方法来认识土壤。
2. 会描述、记录自己的观察结果。
3. 能够和同伴交流自己的观察结果。

二、知识与技能

知道土壤里含有动植物和它们的遗体,还有一些非生物体。认识到土壤是混合物。

三、情感、态度与价值观

1. 意识到土壤和动植物及人类有着密不可分的关系。
2. 愿意亲近土壤,自觉保护土壤。

【活动准备】
1. 课件:白色垃圾的危害图片。
2. 大塑料盘、实验记录纸。

【活动过程】

一、导入

1. 板书:土壤。
2. 解读"土"字。"土"字的两横代表土壤是一层又一层的。在土壤的上面,一棵植物长出来了,这就是古人造的"土"字。

3. 谈话：同学们，我们天天和土壤接触，对于土壤，你知道些什么？关于土壤，你还想知道些什么？

4. 土壤真是神奇，植物的生长离不开它，动物和人类的生活也离不开它。今天，让我们一起去看看土壤，了解一下，土壤里到底有些什么？

二、观察土壤

1. 预测土壤里有什么。

同学们，你认为土壤里会有些什么？

2. 出示观察要求：

A. 仔细观察土壤。

B. 把观察到的东西记录下来。

C. 碰到不知名的就按大的分类记录（如：小昆虫等）或画下来。

D. 把你认为不是土壤里原有的东西捡起来带回。

3. 学生分组观察记录，教师巡视辅导。

4. 学生边观察边把认为不是土壤里原有的东西捡起带回。

三、汇报观察结果

1. 请各小组汇报观察结果：土壤里有什么？

2. 教师板书，并有意识地把土壤里的东西分为两部分。

3. 这些观察到的东西和我们的预测一样吗？

4. 小结：通过对比，让学生明白，预测并不一定是准确的，要通过实地观察、记录，才能真正认识土壤。

四、讨论：什么是土壤里不该有的东西

1. 谈话：同学们，我们在土壤里发现的这些东西，你认为哪些是土壤里原本应该有的？哪些是土壤里原本不应该有的？

2. 谁能说一说，这些原本不该出现在土壤里的东西会对土壤造成什么危害？

3. 出示白色垃圾危害的图片，讲解保护土壤的重要性。

五、树立环保意识，自觉保护土壤

1. 谈话：这些不该出现在土壤里的东西又是怎么出现在土壤里的呢？它们应该出现在什么地方？

2. 保护土壤，从我做起。

同学们，让我们从现在开始就自觉保护土壤，把这些不属于土壤的东西送到它们应该去的地方——垃圾箱。

3. 你认为还应该怎样保护土壤呢？

六、课后拓展

1. 课外上网搜集有关废电池对土壤的危害的资料。

2. 为保护土壤设计一张宣传画。

（北大附中深圳南山分校小学部　陈　薇）

土壤里有什么 2

【教学内容】
　　苏教版《科学》三年级下册第二单元第一课。
【设计理念】
　　学生通过学习发现、展示、交流他们的成果,捕捉他们的新发现、新见解、新方法,张扬有个性色彩、实事求是、有创新的内容,并激发学生的研究兴趣,帮助学生体验实验成功的喜悦。引导学生人人动手,积极动脑,拓宽思路,自行探究自然知识,培养他们的自主研究能力。
【活动目标】
　　1. 能够运用多种方法和多种感官来认识土壤。
　　2. 能描述自己观察的结果,能和同伴交流自己的观察结果。
　　3. 通过实验观察,能知道土壤的组成成分并初步了解腐殖质。
　　4. 能意识到土壤和动植物有着密切联系,愿意亲近土壤。
【活动准备】
　　课前为学生准备好充足的实验材料:
　　1. 颜色、干湿软硬不同的土壤。
　　2. 采自花园、菜地、山坡、海滩等地的土样。
　　3. 烧杯、筷子、放大镜、水杯、水槽、水、废报纸等材料。
【活动过程】
　　一、引导学生选择议题
　　刚上课,学生面对自己实验桌上的一堆土,心里很快产生许多"是什么"、"有什么"、"干什么"的问题。老师抓住学生开始产生兴趣的心理,不失时机地提问题。
　　师:同学们,面对你桌上的一堆土壤,你们今天想研究它哪一方面的问题?
　　生:土壤是从什么地方得来的?
　　生:土壤是怎样产生的?
　　生:土壤里有什么东西?
　　生:土壤有什么作用?
　　生:土壤有哪些种类?
　　生:世界上一直都有土壤吗?
　　生:海滩上的沙地是不是土壤?

......

　　师：同学们的问题都提得相当好，都非常有研究价值，都值得去探讨，下面老师给你们大量时间，根据你想研究的议题，自己选择研究方法进行研究。

　　（通过问题放手让学生自己动手，激发学生的兴趣，培养学生对某种事物选择恰当的研究观察方法的能力，不再让学生按课本要求做一个实验得出一个结论，而是鼓励学生用各种方法进行探究）

二、引导学生讨论问题

　　学生通过讨论归纳知道了土壤的组成成分。对土壤有了较充分的感性认识，之后在组织学生讨论的基础上，加以引导。

　　师：通过刚才的研究，同学们一定像科学家那样已有惊奇的发现，谁先来说说你的发现？

　　生：我发现把硬土块放到水里，水会冒泡泡，这说明土块里有空气。

　　生：把土块放进水里，原先凝固在一起的土块化开了（被水分解），用筷子搅拌后的表面悬浮着一层黑色的东西。（展示给大家看）

　　师：那悬浮在水面上的是什么东西？

　　生：……

　　（为下一课做铺垫）

　　生：我用放大镜看，发现我们小组的土壤里有比较大的砂粒。

　　生：老师，我们组不仅发现了砂粒，还发现了有死去的贝壳的壳。

　　师：这说明了什么？

　　生：说明这堆土壤是从海边附近采集来的。

　　生：我把土块用手揉，感觉湿湿的、粘粘的，而且有柔软性，可捏成不同的形状，像一团面粉。（展示给大家看）

　　师：这说明土块里还有什么成分？

　　生：这说明土块里还有水和黏土。

　　师：说得棒极了！

　　师：根据大家的发现，我们可以知道土壤由什么构成？

　　生：土壤是由空气、砂粒、水、黏土等构成的。

　　（让学生动脑、动手，开拓学生的思维，增强学生的好奇心，让学生体会到亲自动手做实验的乐趣，感受获得正确实验结果的成功滋味。）

三、引导学生发现新奇

　　通过学生观察土样，有的看到了许多小虫子，有的用放大镜观察到了土样里有植物的残片和小动物，无意中培养了学生的观察能力。

　　师：土壤的成分除了空气、砂粒、水、黏土之外，还有没有其他的成分呢？

　　生：老师，我用放大镜观察发现了一只死去的蚂蚁，吓了我一跳。（女生）（有学生大笑）

　　师：嘘！（把食指放在嘴唇上，示意安静。要尊重别人，耐心听取别人的观察结果。）

(出示森林挂图,上面有落叶及各种动植物)

师:认真观察图,然后想一想这些动植物死后会变成什么?

生:死去的动物被别的动物吃掉了。我曾在别的科技读物上读过专门吃动物尸体的动物的介绍。

师:利用课余时间阅读科普读物是获取科学知识的一种重要途径。

生:死去的动物被埋到土里去了。

生:死去的植物和动物会腐烂掉。

师:对,这些动植物死后,逐渐开始变形腐烂,成为腐殖质,最终变成土壤的一部分。在它们变形腐烂的过程中,产生了氮被释放到土壤里,更有利于植物的生长。今后我们还将做一个实验验证一下。

(让学生开拓思维,发挥想像,从另一种方式来认识土壤,对土壤产生一种神秘感,这样做使学生更加愿意去研究、亲近土壤。让学生在自行探索、亲自操作中体会到科学的乐趣及成功的喜悦)

【活动评述】

该活动设计中,教师应放手让学生自选议题,自选研究方法,自主进行研究,引导学生去发现、去提问。通过教师大胆地把实验材料交给学生,让他们根据需要去选择,充分激发他们的学习兴趣,把整个身心投入到研究之中。整堂课打破了传统填鸭式的教学模式,让学生成为课堂中的真正主人。

(深圳市南山区阳光小学　张公强)

种　辣　椒

【教学内容】
　　苏教版《科学》三年级下册第三单元第二课《种油菜》，我改为《种辣椒》。

【设计理念】
　　我是第三次教三年级的科学课。第一次组织学生种油菜，按照教材要求，出土后的油菜种子长出小苗后很难管理，很快就死了。第二次根据学生对绿豆发芽的实验，改种绿豆，而绿豆也较难成活，开的花不多，结的豆荚也少。我试种了几种植物以后，这次改为种辣椒，因为辣椒种子好找，容易种植，较好管理，生长快，开的花多，同株有雌性花和雄性化，结的辣椒也多，真正能够使学生观察其生长过程，能保证学生的种植活动不会半途夭折，也能保证学生的科学探究活动得以顺利进行，让学生走进生活、贴近生活，在做中学。

【活动目标】
　　学生通过亲自种辣椒，初步学会了种辣椒的方法及种辣椒的后期管理，了解辣椒的生长过程，能根据阳光、水等条件对辣椒生长的影响做对比实验，锻炼学生进行长期观察的耐心，并会用简单的语言或图画做观察记录，训练学生的耐心、细心和责任心，同时珍惜生命，感受生命的美好。

【活动准备】
　　购买绿、红鲜辣椒，干红辣椒，每个小组准备一个盘子、一把剪刀、一次性手套、一个花盆，另外还准备好肥土、水、小铲子。

【活动过程】
　　植物随处可见，各种各样的植物满目皆是，学生不一定留意这些植物是怎样生长的，要让学生观察植物的一生就要组织学生真正地到土壤里种一种，用"种"来获得真切感受。种植辣椒活动是本单元最重要的一条主线，本课是种植辣椒活动的开始，要经历较长的时间。我安排的学习活动内容有：找辣椒种子来种辣椒，观察刚出土的小芽是什么样的，测量长高的辣椒并做好记录，写下种辣椒后的第1份观察记录，间苗和移栽，研究植物生长所需要的条件等6项。教学要与其他单元的内容交错进行，包括10分钟的小课。

第一课时：找辣椒种子来种辣椒

一、创设情景，导入新课

1. 出示课件：一株株挂满辣椒的植物、一串串红辣椒、一盘盘用辣椒做的菜。

师：爱吃辣椒吗？

2. 谈话：酸、甜、苦、辣有各种味道，辣就是辣椒的味道，辣椒含有丰富的维生素C。有这样一种说法，四川、湖南、江西人称自己是不怕辣、辣不怕、怕不辣，来表明自己爱吃辣椒。

3. 提问：辣椒从哪来的？它是植物的哪一部分？

二、观察辣椒

出示：绿和红的鲜辣椒、红红的干辣椒。

1. 家里的辣椒怎么吃？

2. 谈话：辣椒，我们都认识，它是植物的果实，有果皮和种子，它们都能吃，有时候只吃果皮。引导学生提出要研究的问题：辣椒里面有多少粒籽？

3. 学生分小组猜测。

4. 讨论实验方法。

强调：要戴手套，小心被辣着，千万不要用摸过辣椒的手揉眼睛。

5. 分组活动：用剪刀打开辣椒皮，把籽取出来，记数并记录。

6. 各组汇报结果。

7. 讨论：从实验结果中你有什么发现？

三、观察辣椒种子

组织学生观察辣椒种子，使学生进一步重视辣椒籽，观察它的外形、颜色、大小、硬度等后，学生更加珍惜自己获得的这些辣椒宝宝，让学生用自己找到的辣椒宝宝来种辣椒，学生很激动、很积极也很投入，更想知道辣椒宝宝的一切。

四、种辣椒

1. 教师演示种辣椒的方法及注意事项。

（1）花盆下面的孔盖上一块瓷片。

（2）在花盆里放入多半盆拌有肥土的土壤。

（3）把辣椒种子洒在土里。

（4）上面覆盖一层土壤。

（5）插好标签，写上小组、姓名和日期。

（6）种子播下后，放在向阳、通风的地方，精心护理，等着它出苗。

注意：每天浇适量的水。

2. 学生播种

（1）一个小组播种一盆。记录种了几粒籽。

（2）给学生提供辣椒种子，要求学生在家里也同时种辣椒。让学生以多种途径亲自来种辣椒，保证种辣椒的参与度和有效性。

3. 谈话：同学们，猜一猜种子种在土里以后多长时间会出芽，会怎么长？种子的各部分可能怎样变化？

4. 学生猜想。

5. 谈话：要想验证我们的假设是否正确，就让我们来观察辣椒苗的出土吧。请大家把小苗出土的情景用照相机拍下来或用笔画下来。

第二课时(小课):观察破土而出的小芽、小苗

具体时间视种植辣椒的情况而定,约一周后。

在辣椒开始破土出芽的时候,要及时组织学生观察小芽破土而出的样子,第一对叶是什么样子的,哪一天出土最多,测量小苗的高度是多少。学生这段时间很关注自己种的辣椒,看到辣椒小芽刚刚破土而出的样子,非常激动,观察也很仔细、很有耐心,用他们自己的双眼发现生命的神奇和伟大。他们激动地说:"当看到有小芽的时候,它们一下子就从土里钻出来了,有的还顶着辣椒籽的壳,太有趣了,感觉它们长得很快,急于想看一看外面的世界是什么样子的。它们很顽强,这就是生命吧。"有一个学生模仿小芽出土、小苗长成的模样。还有的同学争着说:"我们组先后出来了8棵小苗,都有1.5厘米高。"这时我指导学生记录观察结果。

辣椒小芽破土而出、辣椒小苗观察记录

班级　　　　　　　　　　小组　　　　　　姓名

我们小组种了几粒辣椒籽	
我们小组长出了几棵小苗	
小芽破土而出的时间	
小芽破土而出的样子	
画出第一对叶的样子	
测量小苗的高度、时间	
我们的发现、经验、教训等	

最后特别强调,辣椒宝宝需要我们随时的精心呵护。我们要牢记:每天要浇适量的水,放在向阳、通风的地方,要观察辣椒宝宝的生长情况。

第三课时:间苗和移栽

1. 讲解:当小苗长出1～2片真叶的时候,将不强壮的小苗拔去,留下强壮的小苗继续生长,这叫做"间苗"。
2. 提问。想一想,这其中有什么道理?
3. 学生讨论、回答。
4. 讲解。有的小苗需要从一个花盆移到另一个花盆里,这叫做"移栽"。
5. 提问。为什么要对有的小苗进行移栽呢?
6. 学生讨论,回答。
7. 介绍移栽的方法及注意事项。
8. 给需要小苗的同学移栽小苗。(学生自己在家里种辣椒)
9. 预测几周以后的生长变化。
10. 谈话:同学们要继续对小苗的生长情况进行观察,并做好记录,希望大家有更多的发现,如叶子的变化、小苗的高度等。

第四课时：研究植物生长的条件

在辣椒小苗长到20～30厘米高的时候，进行本课的教学活动。

在种辣椒的过程中，我一直强调要浇水、晒太阳这些护理要求，要让学生科学地认识为什么要这样做，引导学生思考辣椒宝宝成长需要哪些条件，提出探究的问题，"阳光对辣椒的生长有什么影响？"、"辣椒怎样浇水好呢？""空气对辣椒的生长有什么影响？""温度对辣椒的生长有什么影响？"在学生猜测以后，小组选定探究的问题，讨论实验方法，制定并汇报实验计划，容许其他小组质疑，我帮助完善。小组成员进行实验分工，做好实验记录。要求学生一周后汇报实验研究结果。

对比实验记录表：

班级	小组	组员
问题		
实验方法	第1棵	第2棵
实验时间		
实验地点		
高度、外形		
预测		
一天后		
两天后		
……		
一周后		
结论		

第五课（小课）：总结辣椒生长对比实验结果

1. 以探究的问题分组汇报。

出示观察记录，展示实验结果，展示照片或播放录像。

2. 得出实验结果：辣椒生长需要阳光、水分、空气、温度这些条件，水分要适量，温度要适宜。

3. 评比在这个活动中表现好的小组和个人。

第六课时：阶段性总结（一个半月后）

1. 汇报小组及个人种辣椒的情况，辣椒的长势，在种辣椒活动中观察的结果、体会和感想。

2. 评比好的小组和个人，总结他们的经验。

3. 观测以后辣椒的生长情况。

4. 鼓励学生继续照料好辣椒宝宝。

【活动评述】

不管种什么，重在"种"上。教师联系当地的实际情况，根据植物的生长习性，根据自己的指导能力，结合学生的兴趣，组织学生种辣椒，使学生的学习更加贴近生活，使学生能充分体验、享受自己的劳动成果。从生活中来，到生活中去，从身边的事物来学科学，让学生在做中学习，体现了教师充掘教材的创造性，从而真正落实教学目标。

种植活动也是长期的劳动，怎样使学生能积极地投入到这项活动中，使学生做到耐心、细心和责任心，教师设计了找辣椒种子的活动，引导学生关注"辣椒"，对辣椒产生兴趣，发现辣椒值得研究，呵护辣椒宝宝，进一步产生种的欲望，这是本课的精彩之处。

观察辣椒宝宝的一生，就要种辣椒宝宝。教师要求学生校内和校外、个人和小组都种辣椒，动员家长指导，保证人人都种辣椒，使学生有更多的时间观察辣椒宝宝的生长。有照相机或摄像机的同学能用它们记录辣椒的生长情况，充分利用各种资源，让所有的学生都始终参与到活动中去，使所有的学生都获得发展，体现了面向全体学生的教育理念。

【资料链接】

辣椒属茄科，一年生或多年生作物。其营养价值很高，含有丰富的维生素C，既是人们爱吃的蔬菜，又是主要的调味品之一。

中国公众科技网：《辣椒的栽培技术》

（深圳市珠光小学　路永丽）

种 油 菜

【教学内容】
苏教版《科学》三年级下册第三单元第二课。

【设计理念】
《种油菜》这一课就是让学生走出课室,亲自动手,达到新课标中的"能参与长期科学探究活动"这一目标。通过种油菜让学生学会种油菜的方法及种油菜的后期管理,要求学生用科学的态度对一个长期活动进行观察,并会用简单的语言或图画进行描述,做好观察记录。训练学生要有耐心、细心和责任心,去体验种油菜的艰辛与收获的快乐。

【活动目标】

一、过程与方法

1. 通过种油菜,了解油菜的生长过程。
2. 通过种油菜,掌握植物栽培的基本方法。
3. 能够用图画和文字把油菜的生长过程记录下来。

二、知识与技能

1. 会观察、记录油菜的生长过程,并能将自己观察、记录到的结果与其他同学交流。
2. 知道阳光、水、空气、温度等条件对植物生长的影响。

三、情感、态度与价值观

1. 培养学生的耐心、细心和责任心。
2. 学会珍爱生命、呵护生命。

【活动准备】
油菜种子、放大镜、小花盆、牙签、小铲、水、纸巾、蘑菇肥等。

【活动过程】
种油菜是三年级下册的一个长周期实践活动,我对本课活动安排是:认识种子,了解播种方法,观察种子发芽,小苗出土,了解间苗、移栽与后期管理知识等六项。教学时间分为3课时。重点放在教育学生种油菜要有耐心、细心和责任心,体验其中带来的快乐以及做好观察、记录并进行分析。

一、导入：感受生命，引出话题

教师播放一段油菜生长的录像，让同学们欣赏油菜在农田里的生长情况，尤其在这录像片里，金黄色的油菜花把大自然装扮得绚丽多彩。接着教师提出两个问题：一是关于油菜，你们知道多少？二是油菜是怎样生长的？这样，学生自然融入到了种油菜的教学活动中。

二、认识油菜种子

1. 教师分发每小组油菜种子。
2. 观察油菜种子的特征，随后每组发给白菜种子，让学生进行比较。
3. 教师解释：你知道吗？这么一粒小小的、圆圆的、黑黑的种子种到土壤里，它就能长成我们刚才在录像里看到的美丽的油菜。

今天我们就来学习种油菜。（板书：种油菜）

三、播种

1. 教师带学生走出教室，前往种植地点——植物园。
2. 教师预先准备好播种工具和材料，如：堆肥预先用蘑菇肥发酵一个月后，与土壤1∶1比例混合，按小组摆好。学生在实际环境中讨论种油菜的方法，如在盆里播多少粒种子、播多深、怎样浇水等。
3. 为了培养学生良好的学习态度和探究习惯，教师发给每小组一张活动要求清单，内容如下：

（1）到指定地点领取一个花盆和一把小铲，为了防止泥土从花盆孔里掉出来，用小瓦片或纸巾堵住花盆的小孔。
（2）在花盆中放入堆肥并占满一半花盆。
（3）用水浇透堆肥。
（4）把油菜籽播撒在花盆的土壤里，每个花盆不超过20粒油菜籽。
（5）在播种的花盆里再覆盖一层土壤。
（6）在花盆上贴上小组、姓名及播种日期。
（7）最后把花盆放在向阳、通风的地方（指定地点）。
（8）小苗出土时，不要浇水。

4. 学生亲自动手，投入到科学探究活动中去。
5. 学生播种结束后谈话：同学们，今天我们已把种子播种到土壤里了，请大家都来猜猜种子种到土壤以后会怎样？种子的各部分可能怎样变化呢？预测大约过几天会长出小苗呢？

让学生猜测之后（尽量让学生都有发言的机会），老师与同学们对话，要想验证我们的假设是不是正确，就要我们每天来观察，并且请大家把小苗出土的情景画下来作为证据。这个播种活动主要让学生亲历活动的过程，激发学生对长周期观察产生浓厚的兴趣。

四、小苗出土

小苗出土为第二课时，根据油菜的生长情况确定教学时间。

1. 谈话。同学们，你们种的油菜生长情况怎样？各小组选派代表描述你们种油菜的情况。

2. 学生汇报，要求有几个方面的记录。

小苗出土了，学生一定会很高兴，在争着汇报时，教师抓住时机，用10分钟，让学生讨论，说说自己种出小苗的过程，鼓励他们用不同的方式记录小苗的生长情况，内容越详尽越好，主要从以下几个方面记录：

(1) 油菜苗是在哪一天出土的，出土情况如何？

(2) 一盆播了20粒种子，大约出了多少株苗？

(3) 描述长出第一对叶的情况。

(4) 可以把出土的小苗画出来，并测量高度，注明观察时间等。

五、间苗与移栽

这一部分安排在第三课时。

1. 先让学生观察自己盆里已全部出土小苗的长势情况，问大家，小苗就这样一直在这个花盆里长下去，行吗？提出问题让学生讨论，之后，引出间苗与移栽的概念、理由及具体做法。

2. 讲解间苗与移栽。当小苗长出1~2片真叶的时候，将不强壮的小苗拔出，留下强壮的小苗继续生长，这叫做"间苗"。有的小苗需要从一个花盆里移栽到另一个花盆里，这叫"移栽"。

3. 讨论间苗与移栽的理由及具体做法。

4. 谈话。同学们在间苗与移栽后要继续对小苗的生长情况进行观察，并做好记录。希望大家要珍爱油菜，要有耐心、细心和责任心，对油菜的后期要进行科学的管理。在油菜的生长过程中，希望大家要有分工，有合作，共同照料好小苗。也希望大家在观察的过程中有更多的发现，如第三片叶子的形状、特点及生长过程叶子的变化，小苗生长期间的变化等。

六、油菜生长的条件（对比实验）

1. 组织学生讨论：什么样的条件最适合油菜生长？让学生充分交流讨论之后，放一段农民种的油菜生长情况的录像片，然后按照大家讨论的结果确定小组承担的研究题目，如：

(1) 做"阳光对油菜的影响"对比实验，负责小组将一盆油菜苗放到阳光下和另一盆放在阴暗处进行对比。

(2) 做"水分对油菜的影响"对比实验，负责小组将一盆油菜适当浇水和另一盆多浇水进行对比。

(3) 做"空气对油菜的影响"对比实验，负责小组将一盆油菜放到空气流通的地方和另一盆用塑料袋罩起来进行对比。

2. 设计记录表。

(1) 各组分工后，要对油菜的生长过程持续几个星期地观察，各小组的对比实验也要持续几个星期，把观察到的和测量到的数据记录下来。请各小组设计一份记录表。

(2) 教师与学生共同设计，教师选取其中设计较好的表格，作为各小组参考。

如：

"阳光对油菜的影响"对比实验

对比 长势 日期	阳光下		阴暗处	
	描述	株高	描述	株高

七、课后管理

1. 各组设计照料油菜计划。

2. 教师提点要求：油菜是有生命的，要精心呵护，每天要观察，做好记录；

油菜种子发芽需要充足的氧气，出苗前不要浇水，待油菜苗长出土后可以每天浇水一次，还要注意害虫等。

【活动评述】

《种油菜》这一课要求我们走出教室，带领学生在室外进行一项长周期的实践活动，这很符合新课标理念，对学生的科学素养的形成具有一定的作用。

学生亲自种油菜能够获得真实的感受，通过这一过程能获得许多种油菜的经验、体会，认识到植物的生长离不开水、阳光、空气、温度、肥料等，锻炼了学生能对一种活动进行长期的观察、记录，并会用简单的语言描述或用图画记录，训练了学生的耐心、细心和责任心，达到新课标中"能参与中长期科学探究活动"的目标。

最重要是通过种油菜活动使学生懂得了如何去珍爱生命、善待生命，意识到生命的可贵，意识到植物与人类有着密切的关系。

（深圳市沙河小学　刘舜之）

认识固体 1

【教学内容】
苏教版《科学》三年级下册第四单元第一课。

【设计理念】
1. 学生是科学学习的主体。
本课中引导学生给固体分类,研究固体的性质时,教师积极地为每一个学生创造"动手做"的机会,组织学生以小组为单位,分工合作,共同研究,放手让他们去"真刀真枪地搞科学"。
2. 科学学习要以探究为核心。
本课中教师可以完全放手,让学生对固体进行多角度地认识和描述,并选择自己感兴趣的固体看看摸摸,敲敲打打,并将观察的结果进行汇报交流。

【活动目标】

一、过程与方法
1. 能够辨别固体和液体。
2. 会运用感官和工具认识固体在颜色、形状、软硬、透明、轻重等方面的性质,并能给固体分类。

二、知识与技能
1. 知道不同的固体能混合,也能分离。
2. 了解混合前后固体重量不变,体积改变。

三、情感、态度与价值观
1. 体会小组合作的乐趣,愿意与他人合作并交流想法。
2. 认识到工具比感官更有效。

【活动准备】
教师准备:醋、果汁、胶水等液体,石块、笔、文具盒等固体。
学生分组研究材料:信封一个(里面有石头、木块、布、海绵、玻璃、磁铁、白铁皮等)。小铁锤、放大镜、水槽、水。

【活动过程】

一、导入
1. 演示。

教师手里有两个鸡蛋(一生一熟),把它们打碎,去掉蛋壳,分别放在两个玻璃杯中,同学们仔细观察一下,发现了什么?

(学生观察汇报)

生:我看到一个鸡蛋是熟的,一个鸡蛋是生的。

生:我看到生鸡蛋是黄色的,会流动;熟鸡蛋是白色的,像一个球。

生:我发现了生鸡蛋是液体,会流动;熟鸡蛋是固体。

师:大家观察得很仔细,去掉蛋壳的生鸡蛋是液体,煮熟的鸡蛋是固体。关于固体和液体你们都知道些什么?还想知道些什么?

(学生自由发言)

生:我知道铅笔盒是固体,玻璃窗是固体。

生:我知道木块是固体,钢笔也是固体,墨水、牛奶是液体。

生:我还知道固体是有形状的,液体没有形状,是会流动的。

生:我知道河里的水是液体,人身上的血液也是液体。

生:我知道液体没有形状,我们常用的胶水就是液体。

师:大家知道得真不少,关于固体和液体,你们还想知道些什么呢?

生:我想知道哪些物体是固体?哪些物体是液体?

生:我想知道固体、液体有哪些特点?

生:我想知道固体、液体在水中会发生哪些现象?

生:我想知道,石块为什么会沉在水中,油却漂在水面上?

2. 揭题。

同学们头脑中有这么多问题,从今天开始,我们就来共同研究第四单元《固体和液体》,这一节课我们先来学习第一课"认识固体"(板书课题)。

(本环节的设计意图:"兴趣是最好的老师",通过教师有意创设的情景活动,从而引发学生对本课学习的好奇心,激发求知欲。接着让学生充分说出自己知道的固体,把不同学生的个别认识变成全班学生共同的,但还是粗浅的认识,为比较深入、全面地认识固体性质打下基础)

二、物体分类

出示演示桌上的物品(果汁、胶水、醋、木头、石块、文具盒、铁锤等)。

教师谈话:现在老师请同学们帮帮忙,看看讲台的物品,说说这些物品哪些是固体,哪些是液体,并说明理由。

(等待学生观察思考后,请一名学生上台分类)

生:我认为瓶子里的果汁、醋是液体,而瓶子是固体,因为果汁、醋是流动的,而瓶子不会流动。

生:我认为铁锤、木头、石块是固体,因为它们都有形状。

生:我认为香油会流动,是液体。

生:我认为钢笔有形状,不会流动,钢笔是固体;钢笔肚中的墨水会流动,是液体。

师:刚才有同学说液体是会流动的,固体不会流动,你们看(演示):这里的水和沙子都能沿斜板流动,它们都是液体吗?这种说法是不是准确呢?应该如何验证?

(学生动手验证并汇报)

生：我们看到水没有形状，而沙子捏在手里小小的、圆圆的，所以水是液体，沙子是固体。

生：我们小组认为水摸在手里滑滑的，捏不住，水是液体；而沙子摸在手上硬硬的，捏到一个个小颗粒，沙子是固体。

师：老师也想了一个好办法来证明（演示）：用杯子装满一杯水后，在加水时，多余的水都溢出来了；而杯子装满一杯沙子后，再加沙子，杯口形成了一个塔尖，这就证明放在斜板上的沙子虽会流动，但有一定形状，沙子是固体；水也会流动，但没有一定的形状，水是液体。

（设计意图：课堂时间是紧凑的，每个设计都要不露痕迹，每个活动都要给学生带来思考和触动。老师有意识地创设情景，让学生知道研究物体，除了直观观察外，还可以借助其他工具帮助我们更好地观察。此处的验证讨论培养了学生的观察能力、思维能力、表达交流能力，以及实事求是的学习态度）

三、探究固体的性质

师：我们的周围有许许多多的固体，你们想不想亲自动手研究固体的性质呢？

生齐答：想。

师：接下来老师要请每个小组的组长拿出大信封中的固体，看看各个小组能根据哪些标准给这些固体分类，最后我们再来比一比哪个小组分类方法最多。

各组组长拿出大信封里的固体（石头、木块、布、海绵、玻璃、磁铁、白铁皮、橡皮、塑料泡沫等）。小组成员观察各种固体，从多种角度，用多种方法给固体分类。

1. 汇报交流。

生：我们小组根据固体的轻重分类。海绵、布、橡皮、塑料泡沫比较轻，石头、玻璃、磁铁、白铁皮比较重；我们小组还根据颜色分类，把红颜色的布、橡皮放一类，蓝颜色的布、橡皮放一类，白颜色的石头、布、木块、橡皮放一类。

生：我们小组根据透明程度分类。玻璃是透明的分一类，其他固体不透明分一类；根据木头、塑料泡沫浮在水面上分一类，石头、铁钉、玻璃沉入水底分一类；还根据固体是否易碎分类，橡皮、牙签、玻璃易碎分一类，其他固体不易打碎分一类。

生：我们小组根据用火能否点燃进行分类，布、木块可以燃烧放一类，石头、白铁皮、磁铁不易燃烧放一类；我们还把能被磁铁吸引的白铁片、铁钉放一类，不能被磁铁吸引的木块、石头、橡皮等放一类。

生：我们小组认为木头是木头、铁钉是铁钉、石头是石头，布是布。

师：噢，你们是根据材料来分类的。

生：我们还发现钉子、石头、白铁皮掉在地上会发出声音，而海绵、布掉在地上没有声音。

生：我们小组发现石头、铁钉摸在手里很硬，布、海绵摸在手里软软的。

（设计意图：本着"学生是科学学习的主体"这一基本理念，将探究的主动权交给学生，让学生运用多种感官，从多种角度和运用多种方法给固体分类，从而发展学生的观察能力，提高学生的认知水平）

2. 各组任选4种感兴趣的固体进行研究。

（1）教师谈话：刚才大家运用了那么多方法给固体分类，真了不起！下面，请每个组选择4种感兴趣的固体继续进行研究,比一比谁用的方法多,观察得仔细、全面。

学生活动开始。

讨论研究方案,研究时所需的材料。

学生小组探究,填写活动记录表。

(老师巡视指导,给需要帮助的小组提供建议或工具)

(2)汇报交流探究结果。

各实验小组张贴实验记录,并汇报。

(第三小组学生汇报如下,其他小组的汇报过程略)

生:我们小组研究了石头、玻璃、橡皮、木块四种固体,我们发现石头很硬,用铁锤很难敲碎,石头是白色的,不透明,石头是椭圆的,没有气味;玻璃没有颜色,透明,玻璃是长方形的,用铁锤一敲就碎了,摸在手上滑溜溜的;橡皮是红色的,长方体的,有香味,用手折一折很容易断裂,橡皮摸在手中很柔软;木块很轻,用手摸时感到很粗糙,木块方方的,用小刀可以把木块切开。

(设计意图:此环节注重培养学生的合作探究精神,至于选择哪些固体怎样研究,这些问题都由各小组成员自己确定,教师在这一探究活动中只是引导者、合作者,必要时对学生的研究活动进行个别指导)

四、拓展延伸

课后选择自己感兴趣的固体继续研究。

附:活动记录　　　　　　　认识固体

固体名称				
性 质				

【活动评述】

1. 科学课程在培养小学生科学素养的时候,重点不在于科学知识的传授,而在于通过引导学生亲身经历科学探究的过程,激发他们对科学的兴趣,从而形成科学的态度和培养科学探究的能力。传统的教材观只依附于课本进行教学,从书本上学知识,书上写了的不敢不教。教师怎么教学生就怎么学,学生几乎没有自主权。而这一节课上,教师突破了"教师中心,课本中心"的老套路,大胆处理教材,推波助澜,创设问题情境,引领学生探究。固体的性质对于三年级学生只是一个抽象的概念,教师没有像教材那样直接让学生探究,而是给学生创设了一个个问题情境,如导入部分的观察鸡蛋,又如给物体分类时,讨论证明沿斜板流动的水以及沙子究竟谁是固体、谁是液体等环节都别具匠心。

2. 坚持以人为本,把学习的主动权交给学生。在传统教学中,教师出于教学管理的方便,往往用统一的标准来要求所有的学生,学生是被动的接受者,即使教给他们一些如何进行创造性思维的方法和技巧,也无助于他们创造性思维和创造力的直接提高。而在本课的教学中,教师采用个性化的教育,为学生营造创造性的环境,使他们积极、踊跃、大胆地参与到探究活动中来,如各小组对大信封中的固体从多种角度和运用多种方法进行分类,并在此基础上,各小组选择自己感兴趣的固体进行研究,探究结果精彩纷呈,从而培养学生的科学素养。

【资料衔接】

固体和液体的分子势能与体积

对于固体或者液体来说,总分子势能的变化是否决定于体积的变化?在压力一定的情况下,判断固体或液体分子势能的变化,只要看温度的变化,不必看体积的变化。

先说说简谐振动。在光滑的水平面上,有两个相同的小球,小球的尺寸可不计,小球之间由自然长度为 l 的弹簧相连,拉开两球,使弹簧伸长 x,放手,两小球作简谐振动。每当相距为 l 时,势能为零,动能达到最大值;每当相距为 $(l+x)$ 和 $(l-x)$ 时,动能为零,势能达到最大值。在一个周期内,或在周期的整数倍时间内,动能的平均值等于势能的平均值。如果 x 比较大,那么动能的平均值和势能的平均值都比较大。

氯化钠晶体中,每个氯离子,每个钠离子都在周围离子的分子力作用下振动,比上述小球的振动复杂一些。在振动周期的整数倍时间内,每个离子拥有的平均势能跟拥有的动能应该相等或者有大致确定的"比例 k"(请注意这个命题)。温度升高时,大多数离子的动能增大,那么大多数离子的分子势能也会增大。这样看来,晶体的温度升高,不但意味着离子平均动能增大,而且意味着离子平均势能增大。应当得出结论:晶体中粒子的势能与温度有密切关系。

晶体中离子的振动一般不像弹簧振子那样具有完全的对称性,因此在振动的一个周期内,平均距离一般不等于平衡时分子间的距离,振动的能量不同时,平均距离有所不同,每一对离子都是这样,这就是热胀冷缩和"热缩冷胀"的原因。如果离子的振动具有完全的对称性,那么物体就不会发生热胀冷缩现象,这是一种理想情况。在理想情况中,分子势能(离子势能)是随温度的升高而增大,分子势能并没有因体积不变而不变;那么在实际情况中,分子势能随温度的升高而增大,不可以说是由于体积随温度变化而变化。

液态水中,水分子除了偶尔做大范围的运动,在多半时间内,是在周围水分子施加的分子力作用下振动,因此,和氯化钠晶体类似,液态水中分子势能也是随着温度的升高而增大的。

因此可以理解为,(在压力一定时)固体和液体随温度的升高,分子势能增大。

所以,液态水,从 0℃ 到 100℃(尽管体积随温度的升高不是单调变化),分子势能随温度的升高而单调增大。

有的书上讲"分子势能与体积有关",而且提这个命题的时候,并不提分子势能与温度的关系。这个命题似乎是说,分子势能的变化主要与体积的变化有关,同一物体体积相等的两个状态,分子势能是大致相等的。这个命题是错误的,得到这个命题的那种推理过程也是错误的。

(深圳市南山区卓雅小学　周康熙)

认识固体 2

【教学内容】
　　苏教版《科学》三年级下册第四单元第一课。
【设计理念】
　　传统的教学观是"教知识"、"教课本知识"，而新的教学观是让学生"亲身经历以科学探究为主的学习活动"。"动手做"是使学生在科学探究活动过程中获得"真情实感"和"亲身体验"，是使学生获取科学知识和发展学生科学素养的最有效的方法和途径。因此，科学课的常规教学应该是要以学生为学习主体，以活动为中心，以问题探究为主线开展的科学教学活动。
【活动目标】
　　一、过程与方法
　　1. 能够辨别固体和液体。
　　2. 会运用感官和工具认识固体在颜色、形状、软硬、透明、轻重等方面的性质，并能给固体分类。
　　二、知识与技能
　　1. 知道不同的固体能混合，也能分离。
　　2. 混合前后固体重量不变，体积改变。
　　三、情感、态度与价值观
　　1. 体会小组合作的乐趣，愿意与他人合作并交流想法。
　　2. 认识到工具比感官更有效。
【活动准备】
　　教师准备：
　　（1）相关课件或录像等。
　　（2）文具盒、石块、笔、鸡蛋等各种固体；水、果汁、胶水、酒精等液体；电子秤或天平、量筒、量杯。
　　（3）分组实验材料：烧杯、水、面粉、筷子、小勺、放大镜、筛子等。
　　学生准备：各种固体、锤子、擀面棍。
【活动过程】
　　一、创设情境，导入本课
　　1. 展示一系列物品，让学生观察。
　　师：同学们，请看老师手里拿着的是什么？

生：一只大纸箱。

师：谁能描述一下这个纸箱？比如它是什么形状？什么颜色？（让学生仔细观察并加以描述）

师：这个纸箱还有什么特点？比如除了它有一定的形状和颜色外，它有没有一定的硬度和透明度呢？（让学生充分讨论和交流观察结果，要让学生说出这只纸箱是用普通的纸做成，所以它比较软，它并不透明）

师：像纸箱这样具有一定的形状的物体我们叫它什么物体？（固体）

师：那么，像水那样没有一定的形状的物体我们又该叫它什么物体？（液体）

师：你们都说得很好，真是聪明的孩子。

（教师端着纸箱并左右上下摇晃纸箱，让纸箱发出碰撞声音）

师：你们听见什么了吗？纸箱里好像有很多东西在碰撞，我想纸箱里一定有很多很多的不同物品。

师：能猜出纸箱里面到底有些什么吗？

教师把纸箱里所有的物品从纸箱里倒出来并全部陈列到讲台上面，让学生仔细观察。然后，教师再给每个学习小组送去相近的物品：如白蜡、笔盒、笔芯、胶水、铅笔、布料、小木棒、金属勺子、花生、石头、熟鸡蛋、木块、修正液、乒乓球、清水、食用油、玻璃、塑料、牙膏、螺丝钉、水龙头等。

师：谁能说一说这些物品，哪些是固体，哪些是液体？能把它们按固体和液体分成两大类吗？

教师让学生在小组内观察、讨论和交流如何分类以及分类理由，同时，教师发给每组学生一份如下的表格，让学生分类后填写、交流和汇报。

分类	物品名称
固体	
液体	

二、新课

板书：认识固体。

师：同学们知道固体都有哪些共同的性质？想知道吗？

生：想。

1. 引导学生研究固体的性质。教师提出要求：

（1）小组确定研究哪几种固体（可任选四种固体，如石块、螺帽、玻璃、橡皮等）。

（2）组内讨论用哪些方法研究固体的性质。

（3）小组实验。所需实验材料可向教师领取，在实验过程中，教师要提醒学生做好记录，填在教师发给的一份《活动记录》表格中。（如下表）

固体性质					
颜色					
形状					
软硬					
透明					

（4）小组内交流，完善本组的研究结果。
（5）小组间交流，描述固体的性质，还要比一比，哪个组研究的项目多。
教师要引导学生发现：运用多种感官、多种方法能够较全面地认识固体的性质。
引导学生总结固体的共同性质：都有一定形状等。

2. 引导学生研究固体的硬度。
教师发给每个学习小组一份物品：如花生籽、大米、绿豆、桂圆壳及其核桃、黑豆等，让学生合作探究，想办法（如用木棒打击、锤子砸等）把这些固体弄碎，并根据它们硬度的强弱（弄碎的难易程度）排队（序）。

3. 引导学生研究固体混合前后的变化情况并要求写好活动记录（发给学习小组如下表）。

	混合前				混合后	
	重量	体积	总重量	总体积	总重量	总体积
黄豆						
玉米面						
绿豆						

混合前，让学生在小组内用电子秤或天平称出黄豆、玉米面、绿豆重量各是多少，总重量是多少以及各自的体积和总体积是多少。混合后，先请同学们猜测三种固体混合后的总重量是多少？总体积是多少？再让学生用电子秤或天平称出黄豆、玉米面和绿豆的总重量是多少，并用量杯量出总体积是多少。这样，让学生对照原来的猜想看是否有错误，目的是使学生知道固体混合前后的重量是没有改变的，而体积却是不同的，也就是说，固体混合前后在体积上是有变化的。

4. 让学生展示、交流和汇报小组合作探究所取得的实验成果。教师肯定和表扬学生小组共同探究的合作精神和态度，鼓励他们要继续发挥小组合作的力量。

5. 引导学生研究固体的混合与分离。
（1）师：在日常生活中，人们常常需要把不同的固体混合或分离，以达到不同的使用目的。如花生籽与食盐混合，为花生籽加上适量的食盐来调整食物味道。又如人们为了建筑楼房等需要，使用筛子分离粗细不等的沙子等，这些方法都是很科学的。

（2）比赛：想办法把混合的固体分离。
师：现在，我们用什么办法，在3分钟内将刚才混合后的黄豆、绿豆和玉米面分开？
让学生分组讨论后，教师提出比赛计时开始。当各组同学七手八脚地拣豆时，教师宣布：时间到（3分钟已到）。结果几乎所有的小组都没有分离子。教师及时地让各小组寻找失败的原因，再想一个又快又好的分离办法。当同学们一致认为需要一个工具时，教师为每组送去一个有两副箩底的筛子，并宣布第二轮比赛开始。当每组都实验成功后，教师要请各组同学谈谈做法和感想，让学生在体验成功快乐的同时，意识到使用工具比用手拣更有效。因此，科学技术的进步能大大提高我们的工作效率。

三、巩固

师：看到同学们对科学活动很感兴趣并认真地参与，老师特别高兴。为了奖励你们，要赠一份"礼物"给大家，你们高兴吗？

1. 让学生看课件或录像(和面)。

一位阿姨往盆子里的水中加面粉,还不停地搅拌,直到搅不动为止……

师:你们看到了什么?

生:一位阿姨在和面。

师:从阿姨和面的过程中看到:什么时候和的面既像固体,又像液体?这种状态我们叫它什么?(让学生说出:和面到了中间时候,面既像固体又像液体,这种状态叫做中间状态)

2. 学生亲历和面。

师:现在,你们想像这位阿姨一样,自己亲自和面吗?

教师发给各学习小组一杯水、一些面粉和一根小木棒,让学生小组内合作学习、讨论和交流和面的体会。

四、拓展

师:同学们,在这节课里,我们合作得很愉快,学得很投入,共同亲历科学探究并掌握了一些常见固体的性质。对于本课,大家还有哪些问题不明白吗?

师:大家还想研究固体其他方面的事情吗?比如我们要是把固体都放到水里去,那将会出现什么结果呢?大家愿意试试吗?我想请同学们回家后做做这个实验。大家说好吗?

【活动评述】

教授本课《认识固体》的教学活动,是围绕"认识固体的常见性质"展开的,具体通过给物体分类、观察固体性质、研究固体的混合与分离等活动来进行。整个活动的设计,力图摆脱以知识传授为核心的旧有模式,通过创造性地导入和一系列的亲历活动,引导学生探索固体在颜色、形状、轻重、软硬等方面的性质及固体混合前后重量、体积的变化,使学生有效掌握固体性质的有关知识,学会观察、实验、测量等方法,对培养学生认真合作、细心探究问题的科学态度,提高学生运用多种感官观察物体的能力,并促进学生的全面发展起到充分、有效的作用。

教师本课还引用自制课件或录像(和面),体现了教师善于利用现代化的教学手段,为课堂活动添加色彩和良好的气氛,增强学生对科学课堂的学习兴趣,并起到了示范的作用,使学生能顺利地完成整个和面的过程,提高了课堂教学效率。

【资料链接】

http://zyz133.51.net

http://content.edu.tw/vocation/chemical-engineering/tp-ss/content-wa/wchm3/wpage3-5.htm#固體的性質

http://www.pep.com.cn/200306/ca216019.htm

http://kxtj.e21.edu.cn/e21web/content.php?acticle-id=3870

(深圳市南山区平山小学　张育洲)

认识固体 3

【教学内容】
　　苏教版《科学》三年级下册第四单元第一课。这一课的内容很多,我准备分为三个课时来上:第一课时认识固体的一些基本性质,教学时间 40 分钟;第二课时组织"和面"活动,教学时间 25 分钟(我校短课时间);第三课时认识固体破碎、混合和分离。这里介绍的是第一课时的教学活动设计。

【设计理念】
　　对于教材上"安排"的这些教学活动,我认为学生都喜欢,也都有一定的教育价值,问题是在教学过程中怎样落实这些教学活动,如何展开,如何让学生能够真正参与,真正"活动"起来。因此在教学时我没有局限于一个课时,而是尽可能让学生能够参与活动,让他们"玩"得尽兴,"玩"有所获,不能走过场,不能局限于完成教学任务。学生常见的物体大多数是固体,对其已经有很多感性认识,但是还没有形成一个清晰的概念。我在设计教学活动时,把有利于学生参与放在第一位,让学生在参与中真正有所收获。

【活动目标】
　　通过本课的教学,让学生掌握固体的概念,知道固体有很多,知道固体的性质主要包含哪些方面,会独立研究常见固体的性质。

【活动准备】
　　本课需要准备的教学材料非常简单,主要是常见的各种固体以及水、胶水或涂改液等各种液体。

【活动过程】
　　本科的教学主要由四个活动组成。

活动一 "放"物体

　　固体的重要特征就是它的形状在不受外力的情况下是不会改变的。这个活动的设计就是把各种物体放在桌面上,让学生观察它们的形状自己是否会发生变化。对那些形状没有发生变化的物体,我们叫它固体,这样就引出了固体的概念。
　　这里,教师出示的各种物体主要是常见的各种固体以及水、胶水或涂改液等液体。要把水、胶水或涂改液往桌面上倒一些,让学生看到这些液体的流动过程。

活动二 找固体

生活中的固体虽然非常多，但是学生还是对固体概念不太了解，让学生充分地找固体，可以让学生真正感受到固体物体有很多，同时，教师从学生找固体的过程中，发现学生对固体概念掌握的程度，及时纠正学生概念不清的问题。找固体的活动，对三年级的学生来说，是非常喜欢的。我在四个班上试过，学生找固体的热烈程度和参与程度都非常高。这个活动分为四层：

1. 说出你知道的固体。

让学生一口气说五个固体，不能停顿。

2. 在教室里找固体。

让学生在教室里找五个固体，一口气说出。

3. 在人身上找固体。

让学生在自己身上找五个固体，一口气说出。

4. 在桌面上找固体。

让学生在自己桌子上找五个固体，一口气说出。

最后师生一起扩展并总结：教室里有很多固体、校园里有很多固体、马路上有很多固体、我们家里也有很多固体，到处都有很多固体，固体非常非常多。

活动三 "说"固体

一个物体的性质有哪些是教学的难点，也就是说学生还不确切理解性质的意思。我设计"说"固体的活动，让学生知道描述一个物体要从哪些方面进行，从而了解物体性质的主要内容。

1. 告诉别人一件新物体。

教师出示一个学生没有见过的物体，让学生先观察后描述给他人听，要让别人听后大概知道是什么。教师根据学生的描述，一起梳理物体性质的内容：颜色、形状、大小、制作材料（或者是表面粗糙程度、软硬）等等。

2. "打电话"。

"打电话"活动是让学生通过描述物体的性质告诉别人一件新物体。

师：我们三(1)班的同学热爱科学，长大后有了自己的发明（老师出示一枚回形针），非常高兴，就打电话告诉正在月球上休假的廖老师。这该怎样说呢？

学生从性质的几个方面来描述，教师根据学生说的性质在黑板上来画。

活动四 研究固体

通过这个活动让学生知道固体性质的多样性，学会用观察的方法研究物体的简单性质。

让学生选择四种自己喜欢的固体从不同的方面研究其性质，并把研究结果填在表里。

	橡皮	玻璃		
颜色				
形状				
大小				
软硬				

【活动评述】

　　教材是我们安排教学活动的重要依据，在一定程度上体现了教学的目标。但是，我们进行教学不是为了完成教材"规定的任务"，而是利用教材促进学生的发展，也就是说学生的科学思维是否获得发展了，发展的程度是否充分，是我们评判教学效果好坏的标准，因此我们一定要改"教"教材的思想为"用"教材的思想。既然是用教材，那么合理的就用，符合本地学生实际的就用，对学生发展帮助很大的就用，否则，即使再新颖再有创意再完美的教材也不能用。我们也有必要突破教材安排的教学时间的限制，哪些是编教材人的主观预设，是否切合实际还要靠实践来检验，教学时间的安排也应该从是否有利于学生的发展上来考虑。

　　这个活动设计的最大特点就是依据学生的发展来安排教学活动，让学生真正能够参与到活动中去，在活动中能够真正地体验和感悟。

（深圳市南山区海湾小学　　廖作永）

把固体放到水里

【教学内容】
　　苏教版《科学》,三年级下册第四单元第二课。本节选取其中的一个活动内容,并进一步扩展开来,另起课题名为《沉浮物体与谁有关》。

【设计理念】
　　1. 面向全体,培养个性。本课题的活动,从引入阿基米德的故事开始,到探究出沉浮物体和体积、质量的关系,每一人都兴致勃勃地参与到活动中。而各种猜测及验证猜测的实验方法,则个人有个人的想法。有效的交流,小组实验的合作,既培养了个性,又面向了全体。

　　2. 学生是学习的主体,教师则起着向导的作用。学生在水中玩物体的沉浮,产生一些问题,然后根据现有材料选其中一个问题来研究。从猜测,验证猜测的方法,到实验证明,都由学生去探究。为了更有效地学习,老师则在学生已有的想法上稍加引导,指向探究的目标。

　　3. 以科学探究为核心。整个教学活动,都围绕沉浮物体与谁有关这个问题来探究。通过对比沉浮物体的质量、体积,先是探究出物体是沉是浮,单独和体积、质量无关,然后再探究出质量相同,沉的物体体积小;体积相同,沉的物体质量大。

　　4. 教和学。大量的实验材料,让学生自主地选择;开放的实验方式,只要能用实验说明问题就行。本教学活动,学生可以用反复的、多样的科学实验来证明科学结论。

【活动目标】

一、过程与方法
　　通过系列实验,能够认识物体在水中的沉浮现象和它的体积、质量有关。

二、知识与技能
　　1. 会用塑料天平比较出两种物体谁质量大。
　　2. 会用沉水法比较出两个物体的体积大小。

三、情感、态度与价值观
　　1. 体验使用工具的快捷和准确。
　　2. 体会正确的结论经得起科学实验的反复验证。

【活动准备】

1. 教师准备：橡皮泥、马铃薯、鸡蛋（老师演示用）、塑料泡沫、天平、水槽、量杯、塑料空桶、空胶卷壳、钩码、塑料球、沙、勺子、塑料方块、木块、橡皮泥、螺母、玻璃珠等（每小组一份）。

2. 学生准备：每人一件能够放进水里的固体。

【活动过程】

1. 引入：老师讲述阿基米德揭开王冠真假的故事。

我们也来把物体放到水里，看能不能像阿基米德那样发现一些问题。

2. 教师演示：拿出一个鸡蛋，让学生猜把它放到水里是沉还是浮。老师猜测它浮，于是在表格猜测一栏"浮"字下打钩；然后把它放到水里，实验结果是沉，然后在表格实验结果一栏"沉"字下打钩。其余橡皮泥、马铃薯、木块的演示同鸡蛋。附表格：

谁沉？谁浮？

物体名称	猜测		实验结果	
	浮	沉	浮	沉
鸡蛋				
橡皮泥				
马铃薯				
木块				

3. 学生实验：(1) 先把自己带来的物体名称填在表格上，猜测它是沉还是浮，在对应栏里打钩。(2) 把它放进水里，看实验结果，也在对应栏里打钩。

4. 学生实验结束后，老师问：为什么有些物体会浮起来，有些物体会沉下去？这些物体在水里的沉浮和谁有关系？请大家用盘子里的东西做一做，猜一猜，把你的猜想写出来，并写出能够证实你的猜想的实验方法。提示：橡皮泥可以随意捏，塑料泡沫也可以随便掰。附表格：

物体沉浮与谁有关？

猜测	证明猜测的实验方法
1.	
2.	
3.	
4.	

5. 小组汇报猜测和证明猜测的实验方法。

6. 教师整理，提出：

猜测一：沉的物体质量大。

实验方法：把一沉一浮两个物体在天平上比较质量大小。选取多组进行比较。

实验表格:

	沉的物体名称	浮的物体名称	沉的物体质量(大,小)
第一组			
第二组			
第三组			
第四组			

实验结果分析:

学生实验。

学生汇报交流。

老师小结:沉的物体并不一定质量大。

猜测二:沉的物体体积大。

实验方法:比较一沉一浮两个物体的体积大小。选取能一眼比较出大小的物体多组进行比较。

实验表格:

	沉的物体名称	浮的物体名称	沉的物体体积(大,小)
第一组			
第二组			
第三组			
第四组			

实验结果分析:

学生实验。

学生汇报交流。

老师小结:沉的物体并不一定体积大。

猜测三:质量相同,沉的物体体积小。

实验方法:已知捏实的橡皮泥都是沉的,所以用橡皮泥和多种浮的物体在天平上称出相同质量。比较捏实的橡皮泥和浮起来的物体体积大小。

实验表格:

质量相同沉的物体	质量相同浮的物体	质量相同沉的物体体积(大,小)
橡皮泥		
橡皮泥		
橡皮泥		
橡皮泥		

实验结果分析:

学生实验。

学生汇报交流。

老师小结:质量相同,沉的物体体积小。

猜测四:体积相同,沉的物体质量大。

实验方法：(1)已知空塑料桶体积相等。往其中一个塑料桶里填充满沙子,盖好盖子,放进水里,观察谁沉谁浮。(2)用橡皮泥捏出一个和塑料球一样大小的橡皮球(用排水法判断体积相同,因塑料球上浮,所以须加橡皮泥使其沉入水中来测量体积。测橡皮球体积时同样要把这块橡皮泥加入水中)用天平比较橡皮球和塑料球的质量大小。(3)用塑料泡沫和玻璃珠比较。塑料泡沫大小测量做法同(2)橡皮球的做法。用天平比较塑料泡沫和玻璃珠质量大小。

实验表格：

体积相同沉的物体	体积相同浮的物体	体积相同沉的物体质量(大,小)
充满沙子塑料桶	空塑料桶	
橡皮球	塑料球	
玻璃珠	塑料泡沫	

实验结果分析：

学生实验。

学生汇报交流。

老师小结：体积相同,沉的物体质量大。

7. 教师问：在这一系列的实验中,还有什么新发现？

8. 总结：物体是沉是浮,单独和体积、质量无关。但质量相同,沉的物体体积小；体积相同,沉的物体质量大。

教学板书：

沉浮物体与谁有关？

谁沉？谁浮？

沉浮物体与谁有关？

【活动评述】

1. 本教学活动的设计,源于反复研究教材时冒出来的一个想法,总觉得只让学生感知固体的沉浮过于简单,所以想再往深挖掘一下。当然,小学科学并不要求掌握密度这一概念,但却可以对物体这一固有的属性产生一些感性认识,例如,塑料泡沫不管多大,它都是浮的;捏实的橡皮泥不管多么小,它总是沉的。

2. 学生自主选择一浮一沉多组物体进行对比实验,目的是想证明自己的猜测是否正确。当实验结果出现和猜测矛盾的时候,学生会认识到,必须相信实验的结论,知道自己的猜测不对。对于已形成的结论,知道反复实验,多次验证,结论都应是相同的。

3. 学生制作相同体积的实验材料,可以说有一定的难度,老师此时可以引导他们,反问学生阿基米德是怎样测出王冠真假的,这样学生便会想到用排水法。对于会浮的物体,例如塑料泡沫、塑料球,怎样测体积呢？学生想到用橡皮泥把它们沉下去。这一环节虽小,却让学生学到了遇到问题必须想办法解决。

4. 整个教学活动,经历了较完整的探究步骤,观察物体沉浮(引入)——沉浮物体与谁有关(提出问题)——沉浮物体和质量、体积有关(猜测)——想出实验方法验证猜测——实验——物体是沉是浮,单独和体积、质量无关。但质量相同,沉的物体体积小；

体积相同,沉的物体质量大(结论)。学生从迷惑不解到通过自己的努力最终使问题变得清晰、明了。这种成功的体验将激起他们更大的学习兴趣!

5. 三年级学生,探究时还需老师的引导。完成这个教学活动约需3个课时。这样可以确保全体学生都能动手做。一部分学生在交流汇报后还是会不明白怎样做实验的,所以实验方法还是要教师板书出来。

【资料链接】

1. 阿基米德的故事

叙古拉国王艾希罗交给金匠一块黄金,让他做一项王冠。王冠做成后,国王拿在手里觉得有点轻。他怀疑金匠掺了假,可是金匠以脑袋担保说没有,并当面拿秤来称,结果与原来的金块一样重。国王还是有些怀疑,可他又拿不出证据,于是把阿基米德叫来,要他来解决这个难题。

回家后,阿基米德闭门谢客,冥思苦想,但百思不得其解。

一天,他的夫人逼他洗澡。当他跳入池中时,水从池中溢了出来。阿基米德听到那哗哗哗的流水声,灵感一下子冒了出来。他从池中跳出来,连衣服都没穿,就冲到街上,高喊着:"优勒加!优勒加!(意为发现了)。"夫人这回可真着急了,嘴里嘟囔着"真疯了,真疯了",便随后追了出去。街上的人不知发生了什么事,也都跟在后面追着看。

原来,阿基米德由澡盆溢水找到了解决王冠问题的办法:相同质量的相同物质泡在水里,溢出的水的体积应该相同。如果把王冠放到水里,溢出的水的体积应该与同王冠相同质量的金块所能排出水的体积相同,否则王冠里肯定掺了假。

阿基米德跑到王宫后立即找来一盆水,又找来同样质量的一块黄金、一块白银,分两次泡进盆里,白银溢出的水比黄金溢出的水几乎要多一倍,然后他又把王冠和金块分别泡进水盆里,王冠溢出的水比金块溢出的水多,显然王冠的质量不等于金块的质量,王冠里肯定掺了假。在铁的事实面前,金匠不得不低头承认,王冠里确实掺了白银。烦人的王冠之谜终于被解开了。

2. http://data.sedu.org.cn/doschool/schdocs/1023064827.shtml

(深圳市桃源小学　罗静晖)

冷和热对物体的影响

【设计理念】

本课是按着探究式学习活动的周期"聚焦——探究——反思——交流"的思路建构和设计的。以"物体受热和遇冷以后会发生什么?"引发讨论,以聚集探究的目光,了解学生的情况,通过分析切入探究的问题。抓住两个关键点展开探究:一是状态变化,二是体积变化。通过两组学生探究实验和一组教师演示实验来实现。第一组学生实验:烧糖作画,旨在培养学生的观察能力,让学生发现糖受热会熔化,冷却会凝固。第二组学生实验安排在教师演示固体热胀冷缩的实验基础上,让学生设计实验来证明水和空气有没有类似固体的性质,并让学生自主选择器材,进而放手让学生自行设计实验,进行实验,旨在训练学生的科学思维,培养学生的实验能力和自主探究的能力。在学生充分实验探究和交流讨论的基础上进行拓展,了解相关知识在生活中的应用。

从学生熟悉的冷热现象入手,将科学教育走近它的原生态——科学探究中。从身边的冷热现象入手,引导学生对物体受热和遇冷以后所发生的变化产生关注,通过实验探究物体在受热或遇冷后的状态变化和体积变化的规律,进而了解其在生活中的应用,让学生感受到科学能给人们的生活带来许多好处,避免许多危害。

让学生在探究活动中体验科学探究的乐趣,体会科学变化的丰富多彩。激发学生在生活中发现科学、学习科学的欲望,让学生体会到身边处处有科学,利用科学可以改变我们的生活,使我们的生活更好。培养学生的合作意识,学会互相学习。

【活动目标】

1. 能够运用各种手段研究物体受热以后的变化。
2. 知道物体受热以后会发生许多变化,有体积的变化、有质地的变化、也有形态的变化等。
3. 知道热胀冷缩在生活中的运用。
4. 体会到身边的许多现象中蕴含着科学。

【活动准备】

铝箔、糖、蜡烛(或酒精灯)、铁勺、烧杯、胶塞、玻璃管、红色水、热水、瘪乒乓球、锥形烧瓶、滴管、气球、烧瓶。

【活动过程】

一、创设情境,聚焦问题

问题:我们已经研究了有关冷和热的一些问题,物体受热和遇冷以后会发生什么?

请同学们讨论。

巧克力遇热后会变软;水受冷后会变成冰;大米煮熟了可以吃;塑料受热后会变软……学生一边讨论,教师一边引导,有意识地将物体遇冷和受热以后的变化归结为形态变化、体积变化、化学变化等,便于讨论的进一步深入。

(让学生充分交流自己对物体受热和遇冷后的变化,以聚集探究的目光。通过交流了解学生的情况,通过分析切入探究的问题,进而引发学生想继续探究的欲望,为下面的探究活动奠定基础)

这节课我们就来研究冷和热对物体的影响,我们采用实验探究的方法来研究。

二、探究活动一:研究冷和热对物体状态的影响

1. "烧糖作画"活动——研究糖加热后的变化。

(教师出示白糖)白糖受热以后会发生什么变化呢?

怎样来观察和研究糖加热后的变化:学生分组实验。

(1)把糖放进小铁勺子里,用蜡烛加热,观察糖熔化的过程。注意观察颜色形态等变化。

(2)把烧化了的糖浆倒在铝箔上做糖画,过一会儿观察熔化的糖受冷后会凝固。

学生实验中,要引导学生仔细观察,小组讨论交流实验的收获,在学生汇报的基础上,教师适时引导,介绍熔化和凝固的概念。

2. 冷和热对物体状态影响的讨论和交流:

问题:还有哪些物体加热或遇冷后会有与糖相似的变化?

学生小组内交流、汇报。

冰受热变成水,水受热变成水蒸气、水蒸气遇冷会变成小水滴或小雪花等等。

课件展示介绍:

(1)炼钢:钢铁在加热达到1530摄氏度的时候会变成铁水。

(2)干冰:二氧化碳遇冷时达到零下七十三摄氏度会结成固体,叫干冰。干冰在室温时会变回到气体。舞台上出现的白雾气的效果就是用干冰来实现的。

3. 小结:物体在遇冷或受热的时候,会发生形态变化。在科学上,把固体受热变成液体叫熔化;把液体遇冷变成固体叫凝固。

三、探究活动二:研究冷和热对物体体积的影响

1. 固体的热胀冷缩实验。

(1)铜球的热胀冷缩实验。

出示铜球、铁圈,问题:给它加热会发生什么变化呢?会不会熔化呢?

(不能,因为它的熔点在一千五百多摄氏度)

那它受热以后会发生变化吗?学生讨论。

(有的说有,有的说没有)用什么实验来证实呢?

教师演示:铜球不加热时能穿过铁环,加热后穿不过(受热体积变大),冷却后又可以通过(遇冷体积变小)。

铜球会发生热胀冷缩,其他的固体会吗?

(2)玻璃注射器的热胀冷缩实验。

出示玻璃注射器并演示加热插不进,冷却又可以插入的实验,以说明玻璃也会热胀冷缩,进而让学生总结出一般的固体都具有热胀冷缩的性质的结论。

2. 教师引导设计实验研究水的热胀冷缩性质。

(1) 固体会发生这样的变化,液体在加热、遇冷时会不会也发生类似的变化呢?(预测)我们怎样才能知道我们的猜测对不对呢?(实验)

我们可以以水为例进行研究。

(2) 教师引导思考:

用什么方法给水加热?(用热水加热,把作为研究对象的水装在带有胶塞和细玻璃管的锥形烧瓶内,在外面用容器装热水进行加热)

怎样才能把水的变化看得更清楚?(加红墨水,用细玻璃管把微小的体积变化明显化,这里注意引导学生利用放大的思想)

(3) 小组实验,教师巡视指导。

(4) 小组汇报实验,得出结论:水加热也会膨胀,冷却也会收缩。老师可根据情况酌情介绍水的反常膨胀。

(5) 水是这样,其他液体也一样。(出示温度计)像酒精温度计、水银温度计就是受热了液体膨胀,读数就会增加;相反,液体会收缩,读数会减少。一般的液体都具有热胀冷缩的性质。

3. 学生自主设计实验研究空气的热胀冷缩性质。

我们已经通过实验研究了固体和液体都具有热胀冷缩的性质,那气体有没有这样的性质呢?请各小组自行讨论并自主设计实验方案。

教师提示:怎样能收集一定量的空气作为研究对象?(用瓶装、气球装等等)怎样才能有利于观察?

小组讨论,要求把想法画出来,通过小组间交流完善研究方案,各小组到实验台前自选实验用品,按着自己的实验方案进行实验探究。

(参考方案:

(1) 用气球套在瓶口,加热瓶里空气则气球变大,冷却则气球缩小。

(2) 用带胶塞的玻璃瓶,用滴管滴入水滴把空气封住,加热玻璃瓶则水滴向外移动,冷却则向里移动。

(3) 用瘪乒乓球,放入热水,瘪乒乓球会鼓起来。

学生可能还会想到更多,对想不出的学生老师要提示,要多鼓励学生大胆设计)

(注意:让学生自行设计实验教师要做到先放后扶,先让学生自主设计,在互相交流中,教师再根据情况对学生进行"扶"。教师教学中要多鼓励学生,对学生的正确想法给予肯定,错误想法给予指导纠正,引导学生对自己的设计进行分析,不要强迫学生接受)

四、应用与拓展

1. 冷和热对物体的影响在生活中有着广泛的利用。结合课件介绍铁轨、桥梁留缝隙的原因。

2. 寻找有关知识及其在生产和生活中的应用。

小组讨论:我们可以利用物体受热或遇冷后发生的变化做些什么?生活中哪些利

冷和热对物体的影响

用了热胀冷缩,哪些又是为了防止热胀冷缩?

夏天电线会又松又长,冬天架线要使电线松一些;

钢笔拧紧了,可以用热水烫一下,然后再拧;

大桥的一端底部用了可滑动的轮子;

汽水瓶不能装得太满;

夏天给自行车打气不能打得太满等等。

3. 从大家的讨论中,我们知道了物体的热胀冷缩性质在生产和生活中有着非常重要的作用。学科学是为了更好地理解科学、运用科学。利用科学来改变我们的生活,使我们的生活更美好。

【活动评述】

这是一节典型的实验探究课,在问题分析上,层次明晰。把物体受热和遇冷的变化归结为形态变化、体积变化和化学变化。在实验的设计上,既注重了实验的全面性,又注重了对学生的导与放。在预测的基础上,不是仅以一个实验来说明,而是引入了多个实验来验证,体现了科学的严谨性,如固体的热胀冷缩没有采用误差很大、难以操作的铁球,而是采用了更具有说服力的铜球,并增加了玻璃注射器的实验;研究液体的热胀冷缩时,引用了温度计来说明;在研究气体时就放手让学生自主设计实验。每个组的实验方法不同,但验证的结论是相同的,体现了科学探究的特性,也实现了科学实验的全面性。在实验的组织上,注重示范与引导、放与扶的关系,从老师演示固体的热胀冷缩实验到引导学生共同设计液体的热胀冷缩实验,进而放手让学生自主设计实验、自行选择器材,教师只对有需要的学生进行有针对性的扶,这对于培养学生的科学思维和提高探究能力很有好处,同时也保护了孩子们探究的乐趣与欲望。

(北大附中深圳南山分校小学部　李中青)

声音是怎样产生的

【教学内容】
苏教版《科学》四年级上册第三单元第一课。

【设计理念】
小学科学课程在于细心地呵护儿童与生俱来的好奇心,培养他们对科学的兴趣和求知欲,引领他们学习与周围世界有关的科学知识,帮助他们体验科学活动的过程和学习科学研究的方法。

1. 科学学习以探究为核心。本课是《声音》单元的第一课,通过创设情境,引发学生想探究声音产生的兴趣,并通过学生的制造声音实验、使物体发声实验,让学生亲历探究过程。

2. 学习活动以学生为主体。从学生制造声音到探究声音产生的实验,把选择制造声音的材料和方法的主动权交给学生。在实验中,人人有任务,人人可参与,教学中尽量给学生创造和提供机会,突出学生的参与性与主体性。

3. 科学方法的引导和教育。在制造声音的基础上,让学生对声音的产生做出假设。假设不是凭空猜想,是从观察并收集资料出发,经过整理和分析产生的想像和概括。假设应该有一定的事实根据,建立假设后应用多种方法对其进行验证。

4. 科学课程的开放性。让学生自主选择材料和方法制造声音,想出多种方法来对前面的假设进行验证。

本节课在设计上按如下环节进行:
创设情境、寻找声音(确定关于声音的话题)——制造声音、寻找解释(做出假设)——设计实验、进行探究(搜集证据.验证假设)——解释应用。

【活动目标】
1. 知道声音是由物体的振动产生的。
2. 能够解释各种常见乐器的发声方法。
3. 能够对声音的产生原因做出假设,并能够想办法通过实验来验证假设。
4. 体会到科学探究要尊重事实,体会实验探究的乐趣。

【活动准备】
各种能发出声音的物体:纸、气球、矿泉水瓶(半瓶水)及学生身边的各种物体;
尺子、橡皮筋、铝箔;
系细线的乒乓球、音叉、音箱、乒乓球;

课件(各种声音、常见器乐演奏的录像等)。

【活动过程】

一、创设情境,导入新课

导语:同学们,这节课我们开始对一个新的领域进行研究。

请大家安静,注意听,你听到了什么?

(学生回答:电扇转动声、外面有人说话声、洒水声、风声、……教师引导:这些声音是谁发出的?)

我们更安静些,一点声音也别出,再听听,还能听到什么吗?(呼吸声、心跳声、……)

可见,我们生活在一个充满声音的世界里,声音无处不在。

风声雨声流水声,诉说着大自然的千变万化;欢声笑语读书声,倾诉着生活的丰富多彩。从这节课开始我们就走进奇妙的声音王国,去探索有关声音的奥秘。(课件配合,走进奇妙的声音王国,课件出示各种声音)

(创设愉悦有趣的情境,引起学生的注意,唤起学生的感知,激发学生的学习兴趣)

二、制造声音,提出假设

大家听了这么多的声音,现在你最想研究什么问题呢?

引导:这节课我们来研究声音是怎样产生的。

1. 制造声音。各小组利用身边的材料制造声音,用什么材料、什么方法,制造出什么样的声音?鼓励大家用各种不同的材料,采用不同的方法,制造出不同的声音。

随着学生活动的展开,教师提出新的挑战:你能用水或纸等发出声音吗?用自己的身体能发出哪些种声音?提示学生边实验边记录。

2. 展示交流。小组交流,边汇报、边演示给全班其他同学看。要求每个小组汇报时说清楚用什么材料,什么方法制造的声音。

3. 引导思考,提出假设。大家制造出这么多不同的声音,你们发现了什么秘密?声音是怎样产生的呢?引导学生明确物体发声时都在动,并且在来回地动。科学上把这种来回不断的动称为"振动"。帮助学生建立"声音是物体振动产生的"这一假设。

在科学研究中,有了假设,就要通过实验收集证据来验证假设。我们也要通过多个实验来证实我们的关于声音的假设。

三、设计实验,验证假设——实验探究声音的产生

1. 实验一:橡筋琴、小锯条、铝箔发声实验。

以小组为单位,依次用橡筋琴、小锯条(或直尺)、铝箔发出声音,观察发声时的现象。(发声时振动,可以看见橡筋、直尺、铝箔的振动)

2. 实验二:音叉发声实验。

敲击音叉使之发出声音,请同学们仔细观察,能看到振动吗?如果看不到振动,那么用系线的乒乓球靠近音叉,使之演示出音叉发声时的振动,让学生体会到间接证明的方法。

问题"你有办法让音叉发出的声音停下来吗?"学生回答后,让学生来试一试,发声的音叉,用手一抓,不振动了,声音就没有了。(反证,没有振动就没有声音)

3. 实验三:声带发声实验。

人说话的声音也是振动产生的吗？用手摸声带感受发声时声带的振动。（嗓子与声带，及保护声带）

简要介绍声带的有关知识。劝告学生不要大声喊叫，要爱护声带。

4. 实验四：扬声器发出声实验。

问题：人发出的声音是靠声带的振动，现在好多声音来自电话、电视机、收音机、录音机的喇叭——扬声器（出示实物），这声音也是因为振动而产生的吗？

演示：用音箱播放音乐，在音箱上放上装饰成小人的乒乓球，小球会随着音乐跳动。

小组实验：扬声器、小泡沫球、电池。接通扬声器，小泡沫球在扬声器上跳动，注意提示学生不断地摸触，并保持扬声器有声音产生。

谈话：我们通过小球的跳动看到了扬声器发声时的振动。

上面的几组实验，我们都证实了声音是由物体振动产生的。

我们还可以用许多实验来验证我们的假设，比如书上的拇线活动等等，大家在课后还可以继续。

5. 师生共同总结归纳：所有的声音都是由物体的振动产生的。能发声的物体在科学上叫做声源。

以续写小诗的方法加深对声音产生的理解：

风儿呼呼，是空气在振动；

流水哗哗，是水在振动；

小蜜蜂嗡嗡，是翅膀在振动；

青蛙呱呱，……

请同学续写。

四、拓展活动——走进音乐会

1. 介绍乐音和噪音的知识。引入美妙的音乐会，播放音乐会录像。（有大鼓、唢呐、二胡等乐器的表演）

2. 问题：它们（乐器）是什么？它们怎么样发出声音的？（大鼓是鼓面的振动、唢呐是空气的振动、二胡是弦的振动）

3. 你还想研究什么问题？把学生的研究问题引向课后，为下节课的学习奠定基础。

【活动评述】

一、激趣导入，聚焦探究问题

皮亚杰说过，一切有成效的工作必须以兴趣为先决条件。通过一个让学生安静下来去听声音的实验，让学生感受到声音无处不在，进而伴随着课件带领学生步入奇妙的声音王国，这不但激起了学生学习的兴趣和探索的欲望，而且引出了探究的问题。

二、让学生自主制造声音，寻找声音产生的原因，做出假设

苏霍姆林斯基说过，在人的心灵深处，都有一种根深蒂固的需要，就是希望自己是一个发现者、研究者，而在儿童的精神世界中，这种需要特别强烈。让学生自主选择材料，采用多种方法制造声音；小组展示自己制造的声音时，明确是用什么材料、通过什么方法发出什么样的声音。尽可能让学生利用更多的材料,使学生体会到声音无处不在,进而提出问题:你们发现了什么秘密?声音是怎样产生的呢?学生们会对声音的产生做出假设和预测——声音是物体振动产生的。

三、充分实践探究,验证假设,探索规律

有了假设,重要的是让学生知道要找到多种方法来证明。教师设计了层层递进的实验,让学生充分感知声音的产生。

橡筋琴、小锯条、直尺等的发声实验,学生可以看到发声物体的振动;

紧接着安排音叉实验。音叉发声看不到直观的振动,用系线的乒乓球演示音叉发声时的振动,让学生体会到间接证明的方法,用一个问题"你有办法让音叉的不再发声吗?"提示了反证的思想,即没有振动就没有声音;

声带发声实验在于让学生通过触摸感受声带的振动;

扬声器发出声音实验:扬声器发声也是因为振动吗?将看不见的振动变为看得见的振动。其实这个实验与教材中的捋线看水实验作用是一样的,实验起来更容易,也更能说明问题。

在充分实验的基础上,归纳总结共同点,验证了假设,得出"声音是由物体振动产生的"结论。

四、总结规律,加深认识

通过对层层深入的实验的归纳总结,验证了假设——声音是由物体振动产生的。

以续写小诗的方法既增加了学科之间的整合,增加了科学的美,更引发了学生的思考,加深了对声音的产生所有认识。

五、拓展探索空间,培养科学兴趣,为后续学习做好铺垫

通过走进欢快的音乐会,让学生在欣赏音乐的同时,加深对声音产生的理解,了解什么是乐音和噪音,并通过"你还想研究什么问题"把学生探究的欲望引向课后,为后面的学习做好铺垫。

(北大附中深圳南山分校 李中青)

怎样搭配食物 1

【教学内容】
苏教版《科学》四年级上册第四单元第二课。

【设计理念】
1. 科学学习以学生为主体。学习科学应该是学生主动参与的过程。关于食物搭配知识,老师没有生硬地灌输给学生,而是从生活入手创造各种情境,巧妙设计有趣的教学活动,引导学生积极投入课堂学习。

2. 科学学习以探究为主。本课教学遵循学生的认知规律,以"科学探究为中心",按照"生活导入——引出问题——讨论解决——得出结论——实践模拟——汇报讨论"的原则,以生动有趣的活动来贯穿整个教学过程。

3. 科学源自生活,用于生活。本课的教学内容与日常生活息息相关,故在教学设计上应从生活入手,着眼生活问题,最后也应能解决生活问题。

【活动目标】

一、过程与方法

1. 做出自己一天饮食的"食物金字塔"。
2. 设计食谱,用食物卡片模拟配餐。

二、知识与技能

了解食物金字塔的结构和含义,知道如何搭配食物。

三、情感、态度与价值观

增进对自己健康负责的意识,注意合理饮食,养成良好的饮食习惯。

【活动准备】
食物图片、食物金字塔课件、食物卡片盒、纸餐盘。

【活动过程】

一、激趣导入

同学们,通过上节课的学习,我们知道了每天都要吃各种不同的食物。现在我们做个小调查,你能告诉大家你平常一日三餐吃什么吗?

生:我早餐一般吃鸡蛋、豆浆和包子,中餐吃面条、萝卜还有猪肉,晚餐吃米饭、黄豆、肉丸和紫菜汤。

同学们每天的饮食是很丰富的,你们最爱吃哪些食物呢?

（多数学生最爱吃肯德基、麦当劳）
一说起肯德基、麦当劳,好多同学直流口水。
（学生都哄堂大笑）
那,总吃这些食物对我们的身体好不好呀?
（其实很多学生也知道这样不好）
既然不好,那么我们每天的饮食应如何搭配才合理呢?
生：米饭要吃饱,蔬菜要多吃点。
生：饭后要吃点水果,有助消化。
生：每天要喝一杯牛奶,每顿饭要有荤有素。
师：同学们说得很好,但还不够全面。每天的饮食应该怎样搭配才算合理呢?我们一起来学习新课《怎样搭配食物》。
（通过学生说说自己每天的食谱,调查他们最爱吃的食物,就能引发讨论"光吃自己喜欢的食物对身体有好处吗?"从而引出问题"饮食应该如何搭配才合理?"。这样导入,更贴近生活,同时也会引起学生极大的兴趣）

二、转入正题

投影四份食物图片,提问：同学们找一找,这四份食物有什么特点?
（学生都会回答有的是咸的,有的是甜食,有的是油炸食品,有的是肉类食品）
再进一步提问："每天吃这样的食品,好不好呢？你能说说理由吗？"
生：不好,第一份大多是甜的,吃多对牙齿不好。
生：第四份全都是油炸食品,虽然好吃,可是很上火,吃多容易胖。
生：这四份食物都没有蔬菜水果,不能补充维生素和矿物质。
师：同学们说得非常好,每份食物搭配得都不合理。我们每天吃的食物也应该是多种多样的。那么,我们要吃哪些食物？食物该怎么搭配呢？
（引发学生思考）
出示课件投影食物金字塔,"这是一个有趣的食物金字塔,你们能说说这食物金字塔有什么特点吗？"
生：这金字塔是三角形的,上面小下面大。
生：最下面是米饭、面条、馒头,最上面是油、盐、酱,中间是蔬菜、牛奶、豆腐和鸡、鸭、鱼、肉。
生：下面的食物多一点,上面的食物要少一点。
师：大家观察得很仔细,把金字塔的特点都找出来了。那么金字塔里面的食物,我们应该怎样吃呢？
学生自行归纳：
(1) 金字塔从下到上各层食物为粮食类、蔬菜水果类、鱼肉蛋奶类、油脂类。
(2) 每天的饮食应该是各层食物都要吃,下层吃多点,越往上吃得越来越少。
（分析课本给出的四份食物清单,学生都会觉得营养单一不全面。再出示食物金字塔,学生就会比较清楚每天合理的饮食结构,这是本课的重点内容,老师不能直截了当告诉学生,而应先抛给学生问题,让他们找出解决问题的方法,自行归纳总结。这样就符合"以科学探究为中心"的课改理念）

三、小组活动

以小组为单位,用食物卡片配出一日三餐,把结果填在表格上,然后小组进行汇报,看看哪个小组的食物搭配最合理。

我们的食物大餐

	早餐	午餐	晚餐
我想吃的食物			
为何这样搭配?			

(了解饮食搭配原则后,学生们会不会应用呢?就需要实践来检验。安排学生自己动手配餐,是一个重要的教学活动过程,既能激发学生的兴趣,又能把课本知识应用到生活中,体现了"科学来源于生活,又应用于生活"的道理)

四、汇报交流

让各小组汇报自己的食物配餐,并说一说为什么要这样配。

小组一　我们的食物大餐

	早餐	午餐	晚餐
我想吃的食物	牛奶、豆浆、稀饭	芹菜、西红柿、面条、肉片、	炸鸡腿、肉丸、烧鱼、米饭、萝卜
为何这样搭配?		牛奶、豆浆对身体有好处,喜欢吃炸鸡腿。	

小组二　我们的食物大餐

	早餐	午餐	晚餐
我想吃的食物	馒头、稀饭	米饭、大白菜、红烧肉、薯条	米饭、西洋菜、肉片、鸡蛋、鱼、鸡腿、排骨汤、苹果
为何这样搭配?		荤菜和素菜都要吃,饭后还要吃点水果	

师:同学们,你们觉得这几份食谱搭配得合理吗?

生:我觉得第一个小组早餐牛奶和豆浆重复了,晚餐也没有蔬菜。

生:我觉得这几个小组配的肉类都很多,蔬菜很少,而且又没有水果。

生:我觉得像薯条、炸鸡腿这类油炸食品,吃多会上火也容易胖,应该尽量少吃。

师:同学们的发言非常好,找出了好多问题。我们每天的饮食应该有荤有素,各层食物都要吃,下层吃多点,越往上吃得越少。

师:吃完饭后,我们应该做什么呢?

引导学生养成良好的饮食习惯:饭后一个果,医生不找我;饭后走一走,活到九十九;早餐吃好,中餐吃饱,晚餐吃少等等。

(虽然学生了解了基本的搭配原则,但在实践过程中,还是会出现各种各样的问题。通过学生的汇报交流,让他们互相进行点评,找出问题,可进一步加深对食物搭配科学性的认识)

五、课后活动：制作食物金字塔

师：这节课，同学们有什么收获呢？

生：我知道了吃饭不能偏食、挑食，也不能只吃某几类食物。

生：我明白了人体对营养需求是多方面的，所以就要吃各种各样的食物。

生：我也懂得了每天的饮食要符合食物金字塔原则。

给每个学生发一个食物金字塔卡片，讲述基本的制作方法，让学生课余时间动手制作一个食物金字塔模型。

【活动评述】

"以科学探究为中心，以学生为主体，老师是课堂引导者"是本课教学的指导思想。摆脱传统的教师讲、学生听的模式，从生活入手，创设一个个问题情境，引导学生"发现问题、寻求办法"，同时开展有趣的小组活动，让学生在实践中检验、在生活中应用，最后让学生进行总结。还布置了一个课后动手制作作业，把学生的学习兴趣保持到了课堂以后。另外，不少学生也知道饮食要合理搭配，但在生活中往往还是任由个人喜好，存在偏食、挑食现象，这也反映了光是学校教育还达不到目的，还需家庭教育的配合。

【资料链接】

一、食物搭配误区

人体所需的营养大部分从饮食中获得的，如果搭配不当，轻则降低营养价值，重则引起不良反应或致病。以下为几条食物搭配误区：

萝卜＋水果：两者长期同食，经代谢后体内会很快产生大量硫氧酸。而硫氧酸可抑制甲状腺素的形成，阻碍甲状腺对碘的摄取，从而诱发或导致甲状腺肿。

海味＋水果：鱼虾、藻类含有丰富的蛋白质和钙等营养物质，如果与含鞣质的水果同食，不仅会降低蛋白质的营养价值，而且易使海味的钙质与鞣质结合，形成一种不易消化的物质。这种物质可刺激黏膜，使人出现腹痛、恶心、呕吐等症状。

肉类＋茶饮：茶中的大量鞣酸与蛋白质结合，会生成具有收敛性的鞣酸蛋白质，使肠蠕动减慢，延长粪便在肠道内的停留时间，形成便秘。

二、合理安排一日三餐

一日三餐对人体健康至关重要，要定时、定量，人才能有好的身体。所谓早餐吃好、午餐吃饱、晚餐吃少，正是经验之谈。

早餐要吃好。一般讲，早晨由于睡眠等原因，饭量比较小，食欲不太旺。早餐不必硬塞得太饱，但应当吃热量高一些的食物，即含糖低而含蛋白质高的食物，如鸡蛋、牛奶、馒头、大饼、面包、煮黄豆等。

午餐要吃饱。午餐是主要的一餐。由于上午体内热量消耗较大，午后还要继续工作和学习，因此，中饭的饭量必须达到全天进食的三分之一以上。一般讲，吃饱指吃到八九分饱，不是暴饮暴食。

晚餐要吃少。晚上睡觉时，人的活动量降到最小值。如果摄入过多的营养物质，就会使过剩的营养物质转化为中性脂肪储存在体内。长此以往，人就发胖，从而增加心脏的负担，容易引起高血压、动脉硬化和冠心病。

（深圳市育才三小　邓柏涛）

怎样搭配食物 2

【教学内容】
苏教版《科学》四年级上册第四单元第二课。

【设计理念】
本课的教学目的是让学生通过阅读获得教材中给出的营养学知识,再将所获得的知识运用于生活之中。如何保障学生在阅读后就能获得相关知识是教学的关键。应用教学改革的新观念,让学生从玩中学,从探究活动过程中获得知识,将阅读与"玩"结合为一体,将个人行为转化为集体活动。真正落实把课堂交给学生、把主动权交给学生、把方法教给学生,切实做到学生是学习的主体,把教学转向关注全体学生。

【活动目标】
1. 增进健康意识,养成良好的饮食习惯。
2. 知道如何科学的搭配食物,理解"食物金字塔"所表达的意思,并会模拟配制一份合理的午餐。
3. 会评价一份餐单是否合理。

【活动准备】
1. 活动字卡。
（1）食物类别：粮食类、鱼肉蛋类、蔬果类、奶豆制品、调味品。
  数量词：极少、少、适量、多、最多。
（2）粮食类：蔬果类、鱼肉蛋类、油脂类。
  淀粉、脂肪、维生素、蛋白质。
  能量（活动）、能量（体温）、保持健康、生长发育。
2. 各种食品图片。
3. 食物金字塔挂图、四份早餐挂图。
4. 金字塔无图、无字表格。

【活动过程】

一、第一次卡片组合活动——营养知识铺垫

以小组为单位,用活动字卡 2 进行活动。指导学生将有关联的词组合在一起,并说说每组组合在一起的词有什么含义。要求每位同学在组长的协调下完成四个组合。对有不明白的小组教师及时进行指导。（根据前一课阅读资料部分《不同种类食物含有的主要营养成分》进行组合）

这次卡片组合活动是让学生从活动过程中巩固营养知识,使他们的头脑中对哪类食物主要有哪些营养成分,哪种营养成分在人体中发挥哪些生理作用较清晰的认识。

二、评论四份早餐——问题的引入

展示课文中四份搭配有问题的早餐,找出每份早餐营养成分的搭配有什么问题。让能看出问题的同学分别指出其所存在的缺陷,如:淀粉、糖太多,肉类太多,咸食太多,油脂太重。引出问题:怎样搭配食物才是合理的?

三、第二次卡片组合活动——认识食物搭配金字塔

教师根据食物搭配金字塔图,制作成一套卡片(活动字卡1)。展示食物搭配金字塔挂图,试着让学生说说图意。当学生们觉得有困难时,教师此时建议他们进行分组活动,将老师发给他们的两组字卡与图结合在一起进行思考,再将活动字卡分组摆进金字塔无图、无字表格中。再请同学们来说说食物搭配金字塔的图意。

四、第三次卡片组合活动——对不合理的搭配进行评说

发给每一组学生一套食物图片,要求他们按照食物搭配金字塔的原则进行一份中餐的配制。活动结束后,进行两次评价。第一次,将其中一组配制好的菜单进行展示,请同学们对其进行评说,要求把配制得合理的方面和不合理的方面都充分评到,而且说出自己的理由。第二次,相邻的两组交换位置,互相评价对方的菜单,要求发言的同学都要说出理由,并把意见说给对方的小组听。

五、第四次卡片组合活动——正确地进行食物搭配

组织学生回自己的座位,进行一次食物搭配竞赛活动。要求他们结合第一次的配制经验,再结合在评价时同学们发表的意见,重新组合改进他们的菜单,并把定好的菜单书写下来。集中各组的菜单,每组发一张选票,投票选出优胜组。

【活动评述】

如何认识食物搭配的金字塔是本课的重点又是本课的难点,要让学生对食物搭配金字塔图表有较好的领会,讲述和讨论的方法都将使学生失去兴趣,直接观察图表又让他们产生困惑。采用卡片组合活动贯穿整个活动过程,教学中老师说的很少,学生做的很多,使学生们动手参与的机会多,他们的思维也就活跃起来,成功地完成了一次将知识应用于"生活"的实践。用类别、量词、金字塔无图、无字表格,把食物搭配金字塔内容简化。让学生自己把词语图表进行重新组合,使各类食品的搭配比例原则在玩的时候就记到了脑中。这是一个不用太多的材料和教具就可以完成的一次探究活动。

【资料链接】

1.《小学科学教学参考书》
2.《食物营养成分对比表》

(深圳市南山区留仙小学 林燕玉)

我们的食物安全吗

【教学内容】
苏教版《科学》四年级上册第四单元第四课。

【设计理念】
本课从学生的饮食生活入手,教育学生要科学饮食,教给学生安全饮食的基本常识,关注自己的饮食健康。首先让学生了解色素的作用及危害。色素包括天然色素和人造色素,人造色素在安全用量内使用可以改变食品的外观,促进人的食欲,但是使用过量则会损害人身体的健康。其次是通过学生查看一些食品包装袋(或包装盒)的成分说明,调查加工过的食品里添加了什么成分,并填写调查表。再次是引导学生讨论即使没有加工过的、纯天然的食物,如肉类、鱼类、蔬菜类等新鲜食物食用是否安全,唤起学生们对食物是否污染的意识。最后讨论怎样吃才安全,让学生了解安全饮食的一些基本常识。

【活动目标】

一、过程与方法

能够用不同的方法调查食品添加剂的种类以及了解它对人体健康的影响。

二、知识与技能

了解安全饮食的基本常识。

三、情感、态度与价值观

1. 乐于用学到的知识改善自己的饮食生活。
2. 意识到科学技术会给人类与社会发展带来好处,也可能产生负面影响。

【活动准备】

教师多准备一些食物包装盒(午餐肉罐头盒)及饮料瓶(可口可乐)的标签。
学生每人准备 2~3 个食品包装袋及饮料瓶上的成分说明。
实物投影仪。
"科学文件夹"食品调查表。

【活动过程】

一、提出问题

"同学们在超市看到各种各样漂亮的饮料、果冻等食品,一定很喜欢吃,这些食品中最诱人的颜色是什么?"

学生根据老师提出的问题展开讨论、汇报（有色素）。

然后老师向学生介绍，色素包括天然色素和人造色素两类。所谓天然色素，就是天然的、原来就有的；而人造色素是人工添加的色素。人造色素能使食物漂亮诱人，香味浓郁，促进人的食欲，但如果长期过量食用，就会损害人们的身体健康。从而使学生们了解色素的作用及其危害。

二、调查加工食品中添加了什么

老师出示了一个"午餐肉罐头盒标签"放在实物投影仪上并介绍其配料成分。

学生把搜集到的食品包装袋及饮料上的标签进行查看，看里面加了哪些添加剂。

学生将调查的结果写进"科学文件夹"食品调查表里。

讨论：食品添加剂安全吗？我们怎样对待加工食品？

通过这一系列活动，学生了解了食品添加剂是食品生产过程中所必需的。添加了这些物质是为了保存食品，防止腐蚀，是为了增强食品的色、香、味，它不是食品的原有成分，对人体也没有什么营养价值。只要在安全用量内食用食品添加剂对人体是无害的，但是如果过量使用，会产生微量毒性；长期食用会损害身体健康，从而教育学生少吃小食品。

三、提供案例，讨论新鲜食品是否安全

师：你们对新鲜食品有什么看法？

生：猪吃了不干净的东西会中毒，人吃了猪肉也会得病。

生：鱼吃了污染过的水，鱼会中毒，人吃了中毒的鱼会拉肚子……

生：人吃了喷有残留农药的蔬菜，也会中毒……

师：同学们说得很好，看起来新鲜的食物也不一定是安全的。

猪、鱼、蔬菜看起来是纯天然的，不是人工合成的食品，是比较安全的，其实并不尽然。因为猪可能吃了不干净的东西变成垃圾猪，鱼可能吃了污染过的水变成了污水鱼，喷洒过农药的菜会变成农药菜。如果人吃了这些被污染过的食物，里面的毒素就会在人体内积聚，从而引起人的中毒症状。现在随着科学技术的发展，一些人急功近利，在饲养家禽及鱼类时，添加了一些激素或催生剂来加速动物的生长，这些食品人吃了之后对人体的健康或多或少都会产生副作用。

通过对案例的剖析，使学生知道新鲜的食品也不见得最安全，唤起他们对食物污染问题的关注。

四、进一步讨论怎样吃才安全

师：加工的食品里含有添加剂，新鲜的食物又被污染，这些食品都不安全，是不是我们不用吃啦？

生：不是的。

生：吃的蔬菜要浸泡清洗。

生：吃的水果要削去果皮，不去果皮的也要用水洗干净。

生：喝牛奶、饮料要看保质期。

生：无商标、无日期标识的食物不要买。

生：过期的、变质的食物不能吃。

生：吃无公害的蔬菜……

师：同学们说得对。民以食为天，人是要吃食物的，只有了解安全的饮食常识，才能吃得安全，吃得健康。

通过讨论，大家畅所欲言，谈了许多饮食卫生方面的知识。这一活动的目的是让学生了解安全饮食的基本常识，养成良好的饮食习惯，用学到的科学知识改善我们的生活，提升我们的生活质量，使我们的生活更健康。

【活动评述】

1. 调查食品添加剂。这一活动设计主要是对学生搜集的食品包装袋及饮料上的标签进行调查，了解其食品的成分，从而使学生认识到食品添加剂本身不含人体需要的营养，但是在加工食品中又是必需的。事物都有它的两面性，有利也有弊。教育学生正确看待加工食品，只要在食品添加剂安全用量内食用是无害的，而过量食用则有害。

2. 关注食物污染。现在很多的食物如蔬果、禽类、畜类和鱼类等，在种植、饲养过程中采用农药、化肥、饲料、激素等方法"助长"，再加上环境污染。这些食物人吃了之后对人体的健康有很大的影响。近年来食品安全问题越来越突出，必须唤起人们对食品污染问题的广泛关注。

3. 怎样吃才安全。这一活动充分调动了学生的积极性，个个畅所欲言，说出了许多饮食卫生方面的知识，有些同学还提出了很好的意见和建议。本活动主要教会学生安全饮食的基本常识，每天都注意饮食卫生，养成良好的饮食卫生习惯，只有这样才能吃出安全、吃出健康。

【资料链接】

《深圳特区报》消息：钟南山院士在广州市人大会议越秀区分组讨论会上不无担忧地表示，食品安全问题已经是一个很严重的问题……钟院士说，广州很多疾病发病率的快速增长都和食品安全有很大的关系，比如肠癌、妇女宫颈癌、卵巢癌的发病率呈现出了快速增长的趋势，而这些和农药、添加剂、防腐剂和催生剂的过量使用都有很大的关系。据了解，现在广州的很多农民在整治鱼塘塘底时，除了要挖去泥土外，还在塘底铺上一层"环丙沙星"。钟院士说，这种药品除了可以起到防治鱼病作用外，还可以加速鱼的生长，也是一种催生剂。这种食品人吃了之后会对人体的健康有很大的破坏作用。

据悉，果冻不是用水果汁加糖制成的，而是用增稠剂、香精、酸味剂、色素、甜味剂制成的，这些物质对人体没有什么营养价值，却有一定的毒性，多吃或常吃会影响儿童的生长发育和智力健康。

可乐饮料中含有一定量的咖啡因，它对中枢神经系统有兴奋作用，对人体有潜在危害，由于儿童各组织器官尚未发育完善，抵抗力和解毒功能弱，危害会更大一些。

台湾医学专家表示，市民日常购买零食副食品时，应密切注意食品防腐剂的标注，并认清各种防腐剂的毒性，以确保健康食用。

据悉，食品防腐剂是防止食品因微生物及霉菌腐败变质，延长保存期的添加剂。分为无机和有机两类。无机防腐剂有亚硫酸盐、焦亚硫酸盐、二氧化硫、硝酸盐、硼砂、甲醛等，其中硼砂、甲醛毒性强，为致癌物质；二氧化硫、亚硫酸盐会引起严重的过敏反应。

（深圳市南山区育才二小　曾光明）

假 设

【教学内容】
   苏教版《科学》四年级上册《自由研究》单元。

【设计理念】
   本课是对"科学探究的过程和方法"中的"假设"环节进行集中强化训练,通过一系列活动,让学生理解什么是假设,还要让学生明白要想知道自己提出的假设是否正确,一定要经过亲自实验或动手收集有关证据来进行验证,根据经验提出的假设不一定可靠。

   教学活动分五部分:
   1. 创设情景:大侦探破案。(了解破案步骤)
   2. 校园寻凶。(学会做假设)
   3. 认识魏格纳。(认识做假设的价值)
   4. 理解假设是怎样提出来的。(假设是在知识、经验、观察的基础上提出的)
   5. 活动:谁先落地?(认识假设有时是错误的)

【活动目标】

   一、过程与方法
   能够提出自己的假设并通过实验来验证。

   二、知识与技能
   知道什么是假设,认识到假设是科学探究过程中的重要环节。

   三、情感、态度与价值观
   经历提出假设、验证假设的过程,感受成功的快乐。

【活动准备】
   教师准备:能够活动的世界地图(自制教具)、制作的 powerpoint 课件、魏格纳及大陆漂移学说的相关资料、A4纸、橡皮小球、实验记录表格(每组一份)。

【活动过程】

   一、创设情景
   出示大侦探破案图。
   师:根据图中人物的打扮,你觉得他是从事什么职业的?
   大侦探现在在干什么呢?

咱们来猜想一下：这里可能发生了什么案件呢？

假如你是这个大侦探，你准备怎样来破案呢？

（给学生创设破案情景，再通过问题一层层深入，把学生引导到课题上来，最后得出结论，侦探破案要先猜测是什么案件，再根据猜测寻找证据来验证猜测）

二、校园寻凶

师：下面我们也像大侦探破案那样先猜测再寻找证据的方法来校园寻凶，好不好？

出示校园操场图，边指边讲述：

五年前，在学校的跑道旁种了三棵同样的树，这是六年级三个毕业班毕业送给母校的礼物。五年来，它们在学校园丁的悉心照顾下，健康快乐地成长着。直到最近，最靠近水龙头的第一棵树的叶子慢慢变黄，而且越落越多，第二棵树也跟着开始变黄，并有少许落叶，但第三棵树却依然枝叶茂盛、郁郁葱葱。我们来猜测一下，为什么会这样呢？

1. 小组讨论。

发实验记录表：校园杀伤树"凶手"分析报告

	我们猜想凶手可能是	我们的根据是
1		
2		
3		
4		

让学生充分汇报分析结果。

2. 展示表格。

总结：表左边的都是大家对这个问题答案的猜测，用科学术语说这就是假设。能够提出假设是科学探究中一个非常重要的过程。科学史上很多的发明发现，都是科学家从某些问题中得到启发而提出假设开始的。

（本活动的目的是让学生根据自己的经验在不知不觉中提出假设，然后再告诉学生他们所做的就是在做假设，学生会觉得原来做假设并不难，从而提高学习兴趣）

三、认识魏格纳

出示能够活动的世界地图，边讲述边操作。

师：魏格纳就是一个例子。1910年的一个秋天的夜晚，秋雨绵绵，德国科学家魏格纳在学院的讲师楼上，已经生病了好几天。他吃了药，可是还没有多大的好转。他躺在床上，一会儿看看天花板，一会儿又看看电灯，头脑一刻也没有停下来。他把自己的目光集中到墙上挂着的一张世界地图上，突然，他惊奇地发现，大西洋两岸的轮廓竟然是如此的相互对应，尤其是巴西东端的直角突出部分，与非洲西岸呈直角凹进去的几内亚湾非常吻合。巴西海岸的每一个突出部分，都正好和非洲西岸同样形状的海湾相对应。这是他做了一个大胆的假设：莫非非洲大陆与南美大陆曾经贴合在一起？这个大胆的想法就一直困惑着这位学者，他决心一定要弄个水落石出。终于在第二年的夏天，他在图书馆查找资料的时候发现一篇论文，说根据一系列的古生物证据，巴西和非洲之间曾有过陆地联系。

师：你们也能举出这样的例子吗？

（本活动旨在让学生认识到提出假设的重要性。同时，学生在本活动中也多认识了一位德国科学家。通过移动合并自制教具中的七大板块，提高学生对板块漂移学说的了解。学生能提出来的例子很多，如牛顿的万有引力学说等）

四、理解假设是怎样提出来的

讨论：回忆一下，杀伤树"凶手"的假设是怎样提出来的？

小结：假设是在经验、知识、观察的基础上提出来的。

（要学生一下子回答出来有点困难，所以教师可做适当的引导，帮助学生回忆假设是根据什么提出来的）

五、认识假设有时是错误的

师：下面我们根据我们的经验来做一次假设好吗？

把纸和球同时从同一高处落下，哪个先落地？

想知道我们的假设是否正确，该怎么办？

发实验用具（纸和球）、实验表格。

	我们的假设	实验设计	实验结果	我们对结果的分析
一起着地				
纸先着地				
球先着地				

1. 学生分组实验。
2. 小组汇报。

讨论：从大家的汇报发现，有的组假设是正确的，有的组假设是不正确的，原因是什么呢？

小结：假设往往根据已有的知识、经验、观察的结果提出，但经验也可能造成假象。

拓展：同学们还想做假设吗？回去请假设一下恐龙是怎样灭绝的？并查找资料验证你的假设。

（提出假设是科学探究的重要一步，但是只有假设是不够的，必须通过实验来验证假设正确与否。本活动是本课教学内容的一个练习，学生从提出假设——设计活动验证——得出结论——分析结果过程中，体验到做科学探究的完整过程）

【活动评述】

本课教学逻辑性强，教学设计衔接自然，一步一步把学生引导到主题上来；课堂教学气氛活跃，学生积极发言，动手机会多，既培养了学生的思维能力，又培养了学生的动手能力。

课堂上也体现了学生的自主学习、小组合作和思维的创新能力，如最后环节的活动中,学生想出了很多的实验设计,有把纸平放的,有把纸竖放的,有把纸揉成一团的,有把纸折成飞机的,有把纸做成降落伞的等等。作为老师,只要符合我们的实验规则:使一张纸和一个小球同时从高处落下,我认为都是可以的。所以,根据实际的实验设计,得出的结果就有很多种了。同时,学生也提出了许许多多令人意想不到的问题,如当把纸竖着放时,怎样跟球对齐呢?

通过本课的学习,学生还从科学家魏格纳的身上认识到做科学应该具备的精神和做科学探究的基本步骤和方法。

【资料链接】

1. 魏格纳大陆漂移学说

http://www.nju.edu.cn/njuc/dikexi/earthscience/chp4/1.htm

2. 牛顿与苹果

http://www.history.com.cn/default-star.asp?title=103&peopleid=200008020006

http://www.kepu.gov.cn/kxrw/index.asp

3. 恐龙的灭绝

http://www.kepu.gov.cn/zlg/konglong/konglong-6.htm

(深圳市南山区沙河小学　林艾莎)

仙人掌和骆驼

【教学内容】

苏教版《科学》四年级上册第一单元《仙人掌和骆驼》"草原与草原上的动植物"主题报告会部分。

【设计理念】

1. 追求课程资源的开放性，重视课堂外学生自主进行的多种渠道、多种方式的信息查询活动，把本课的学习过程提升为学生查询资料、信息处理、表达交流、吸纳整理的过程，有效地提高学生的信息素养。

2. 积极改革教与学的方式，充分发挥学生自身的资源优势，加强学生间的多向信息交流，使学生在多源共享中学习，在互动交流中学习。

3. 打破"秧田式"的学生布局，尝试圆桌会议式的学生座次模式，为学生的交流互动提供空间优势。

4. 积极探索教师在学生自主交流与合作中应该发挥的作用，为课程的即时生成和学生的多向交流搭建平台。

【活动目标】

一、过程与方法

1. 能提出与草原环境、与动物生存相关的问题。

2. 会查阅与草原环境相关的书刊和其他信息源，了解草原中更多的生物适应环境的本领。

3. 会用语言表述、文字和图画展示、实物投影展示等多种方法，表达交流有关的信息和观点。

二、知识与技能

1. 认识到草原环境里有着十分丰富的动植物，能列举出一些例子。

2. 能发现动物形态构造与环境的一些相关性。

三、情感、态度与价值观

1. 体验到集体交流合作对获取知识的重要性。

2. 意识到科学结论的相对性，知道科学结论是不断变化发展的。

【活动准备】

1. 布置学生以"草原与草原上的动植物"为主题搜集有关图片和文字资料，为"草原与草原上的动植物"主题报告会做准备。

2. 课前组织学生将教室里的座位摆放成椭圆形。

3. 准备草原环境、草原动植物的相关图片与录像资料。

【活动过程】

教师提前将学生带到了座次布局为椭圆形（里外双层椭圆）的课室里。

教师谈话，安排文本资料的交流：课前，同学们已经围绕着"草原与草原上的动植物"进行了资料查询的活动。现在请同学们将自己查询的资料署好名，然后顺次交给自己右手边的同学，看完后继续向右边传阅，力争传阅到尽可能多的资料。

学生在不同的资料面前表现出极大的兴趣，完全沉浸在多种信息的浏览和讨论过程中，气氛热烈。教师巡回穿梭学生中间，对学生的疑问进行必要地解释，根据情况灵活地给学生调配所需要的信息资源（如有的学生的关注点在草原环境方面，就可以及时提供这方面的资料），与学生一起分享获取知识的乐趣。

学生的时间和精力主要集中在了"生—信息资料"和"生—生"等信息网之中，人人都在获取信息，人人都处在相互交流中，参与度是高的，活动的有效度是高的，教师只给学生提供必要的服务、指导、协调。如此处理，可以说抓住了教学的主要矛盾。这一环节的充分落实为后续的报告会打下了很好的基础。

在进行了大约10分钟的文本交流之后，教师安排学生对资料进行了整理，归还给相关同学，然后组织了"草原与草原上的动植物"主题报告会。

以下是主题报告会的部分实况：

师：我们已经围绕着"草原和草原上的动植物"这个主题搜集了许多资料，刚才又对这些资料进行了充分的交流。我想同学们一定知道了许多新的知识，也许还产生了一些很有价值的问题。现在我们来召开一个"草原与草原上的动植物"主题报告会，把自己的新知识、新观点、新问题向别的同学发布一下吧。对于别人的发言，我想同学们一定会认真倾听，而且会对一些你认为很有价值的东西及时进行记录的。

生：草原上树木很少，只生长着一些低矮的草本植物。

（当老师注意到学生一边发言一边看一幅图片时，教师便提议该生利用实物展台对非洲大草原图片进行展示，同时进行介绍，有利于增强资料的呈现效果和传播效果）

生：草原上常年比较干旱，这可能是植物比较低矮、稀少的原因。

生：草原上的动物都善于奔跑。

师：刚才同学们谈到了草原和草原上的植物和动物，我想同学们一定能列举出许多植物和动物。

生：草原上有狮子、斑马、羚羊、猴子。

生：猴子不是生活在草原上，它是适合生活在森林里的。

生：草原上还有兔子、猎豹、羚羊。

生：在我收集到的这份资料上，我国的西部草原上还生活着羚牛、野牦牛、藏羚羊、白唇鹿、毛冠鹿、野驴、野马、马鹿、狼、西藏棕熊、金猫、雪豹、麝、盘羊、草原斑猫、漠猫、兔狲、猞猁、豹猫、马麝、盘羊、高鼻羚羊、鹅喉羚等。

师：了不起，你一下子为大家介绍了这么多草原上生活的动物，而且大部分是生活在我们国家的。如果有图片的话,那就太好了,大家便可以认识许多草原动物。

（学生到实物展台上展出了网络资料中的一部分动物图片,教师建议学生继续收集更多的草原动物图片）

师：在这位同学介绍的动物中,其中有一些已经极为稀少,甚至有些野生动物品种可能已在我国消失,如高鼻羚羊、野马只在我国甘肃武威濒危野生动物繁育中心有饲养。雪豹的数量只有1400～1600只,野骆驼也只有1000只左右。有些物种被世界自然保护联盟列为濒危动物,如雪豹、马鹿、野牦牛、狼、豺、野驴、白唇鹿等。我们应该积极呼吁和参与对这些濒危草原动物的保护。刚才同学们列举的都是一些善于奔跑的哺乳动物。有没有同学搜集到了鸟类、爬行类等其他种类的动物？

此后,在教师的引导下和启发下,学生又陆续介绍出了草原雕、丹顶鹤、白枕鹤、灰鹤、黑颈鹤、白鹤、藏马鸡、藏雪鸡、血雉、大鸨、金雕、苍鹭、兀鹫、秃鹫、胡兀鹫、大白鹭、大天鹅、大鵟、四爪陆龟、沙蟒、鳄鱼等等。

（可以说,如果没有重视学生课前多种渠道和多种方式的信息资料的查询和收集,学生不可能得到这么丰富、鲜活的文本和图片资料。这是单靠教师的知识面所难以满足的课程资源）

师：刚才有的同学谈到,草原上常年比较干旱,草原上的植物是如何生存下来的呢？请同学们结合课本上的插图和自己收集的资料思考讨论一下,试试能不能结合一些例子来谈一谈。

生：课本中提到了一种树——面包树,我发现它长得特别胖,这是不是它能在草原上生活的原因？

师：对于这个问题,其他同学是怎么想的？

生：我认为它长那么胖,说明它的身体可以贮存大量的水分和养分,使它能够度过干旱的草原环境。

生：我想知道,这种树为什么叫面包树？

师：是啊,这种树为什么叫面包树呢？谁来谈谈自己的看法？

生：我认为是因为它的样子胖胖的,像面包。

生：不是,面包树的果实可以当面包来食用,沈亚飞这里有一段面包树的资料……

师：沈亚飞,能把你的资料提供出来,与大家分享一下吗？

（教师让该生把收集的资料在实物站台上进行了展示、介绍。内容涉及到了面包树的产地、面包树果实的食用价值和营养价值、面包树的结果期和收获期等）

（及时地、不断地发现、挖掘和生成新的课程资源,体现了教师较强的课程意识和课程生发能力,这是提升课堂教学价值、促进课堂教学更具活力的重要保障）

师：原来,不仅面包树的树干中贮存了大量的水分和养料,它每年还能结出大量营养丰富的果实,难怪它能够适应长久干旱的草原环境。

可是,在长久干旱的草原上,像面包树这样的高大树木毕竟太少了。正像刚才那位同学所说的那样,草原上生存的植物大都是一些低矮的草本植物和小灌木。

接着,教师又给学生播放了一段录像片段,介绍了我国和其他国家的几个典型草原环境及其生长其中的一些适应干旱的植物。

（课堂教学要倡导学生自主学习,但教师针对学生所拥有信息的局限性,对相关学习内容进行及时的提供、呈现(甚至讲解),也是非常必要的。重要的是要使这种呈现、讲解更具趣味性、感染力、启发性,更有利于启发学生积极深入地进行思考。本课录像资料内容适当,呈现方式也较好地体现了课堂教学与现代教学手段整合的理念)

师:刚才,同学们围绕"草原和草原上的动植物"这个话题介绍和发布了很多有用的知识,老师也通过录像片段介绍了有关的资料。通过这些资料,关于草原、关于草原上的动物、和一些植物为什么能适应长久的干旱,我们获取了很多有用的知识。那么,关于草原和草原上的动植物,同学们还想知道什么?

学生又提出了"草原上的动物为什么大都善于奔跑?"、"斑马身上的条纹对它的生活有什么作用?"、"草原上的动物为什么总是成群地活动?"等问题。后续的教学活动便围绕这些问题展开了讨论、实验、角色扮演等活动。

【活动评述】

这个教学片段,在教材的处理、教与学方式的改革、教学组织形式的改革、教师角色的定位等方面体现了一定的创新性,较好地体现了师生共同开发课程资源、突出学生主体地位、重视学生的合作交流与探究等教学理念。

首先,在教材处理方面,教师没有按着"面包树——斑马——草原上的各种动植物"的模式进行程序性和条块化的处理,而是围绕着"草原和草原上的动植物"这一中心议题,广泛收集资源,充分交流生发,拓宽了信息接受、交流和处理的空间,增强了活动内容的弹性。随着"草原和草原上的动植物"这一活动的不断展开,本课的相关问题便全面展开,而且还生发了一些新的、有价值的问题。

第二,本课教学重视了学生自主的、多种渠道和多种方式的资料查询,在知识、教学材料、心理准备等方面为本课教与学的有效实施奠定了坚实的基础。学生对多方面问题的关注、及时而有效的相互解答、翔实而鲜活的资料例证充分证明了资料查询工作的重要性,也体现出这一活动对学生信息素养的富有成效的培养。

第三,"圆桌会议"式的组织形式,更有利于民主、和谐的学习气氛的形成,消除了学生传统形式下受制于权威的心理障碍,增强了"生—材料"、"生—生"的信息交流网络的有效性。

第四,报告会的活动形式,使学生充分感受到了学习主体和研究主体的自豪感和成就感,学生的活动积极性更高,信息传播和接受的效果更好。

此外,教师在交流合作环境的创设、课程资源的及时发现和生发、课程资源的及时调配和整合、对学生问题意识的诱发等方面也表现出了较好的把握和控制能力。

值得进一步探讨的是,如何处理好学生课前时间的投入与教学效益提高的关系;如何在目前大班条件下,尽量减少教师的额外工作量,有效地改革课室的座位布局,发挥由座位布局所产生的良好的学习"场"的作用。

【资料链接】

草原上的动物

国家一级保护野生动物

雪豹、野驴、野牛、梅花鹿、野骆驼、白唇鹿、野牦牛、普氏原羚、藏羚、高鼻羚羊、扭角羚、塔尔羊、河狸、白鹳、金雕、玉带海雕、胡兀鹫、斑尾棒鸡、虹雉、丹顶鹤、白鹤、黑颈鹤、

鸨、四爪陆龟

国家二级保护野生动物

豺、棕熊、石貂、貂朱斑猫、荒漠猫、猞猁、兔狲、金猫、麝、马鹿(包括白臀鹿)、毛冠鹿、水獭、黄羊、藏原羚、鹅喉羚、斑羚、鬣羚、岩羊、盘羊、天鹅(所有种)、隼科、其他鹰类、黑琴鸡、雪鸡(所有种)、血雉、藏马鸡、蓝马鸡、原鸡、锦鸡、灰鹤、白枕鹤、蓑羽鹤、鸮形目(所有种)。

禁止贸易的物种：狼、西藏棕熊、水獭、金猫、雪豹、野骆驼、蒙古野驴、野马、马鹿、麝、野牦牛、鬣羚、斑羚、盘羊、藏羚。鸟类中禁止贸易的有：白肩雕、游隼、藏马鸡、绿尾虹雉、藏雪鸡、丹顶鹤、白鹤、白头鹤、黑颈鹤、白枕鹤。

太平洋岛上的面包树

谁都知道面包是用面粉加工制成的,而南太平洋一些岛屿上的居民所吃的"面包",不是用面粉做的,而是直接从树上采摘的。这种能结"面包"的树叫做面包树。

面包树可以说是一座天然的面包厂,它可以在1年之中向人们无偿地提供3次成熟的面包果。人们将从树上摘来的成熟果实放在火上烘烤,待烤至黄色时,就可食用。当用手掰开烤熟了的面包果时,乳白色果肉发出的阵阵香味扑鼻而来。这种烤制的"面包",松软可口,酸中有甜,其风味很像商店里出售的面包。你千万别小看这种天然"面包",它的食用价值还挺高,可与山芋相比。它含有大量的淀粉,少量的脂肪和蛋白质,还有丰富的维生素A和B。面包果除了可以直接烤食以外,还可以用来制作果酱或酿酒。

由于面包果是当地居民必不可少的木本粮食,所以,人们在自己住宅的前前后后都种上了面包树。据说一棵面包树所结的面包果就能养1～2人。

那么,面包树究竟长得什么样呢？面包树是一种四季常青的乔本,10多米高。树干粗壮,枝叶繁茂。它的叶子很大,羽状深裂。它的叶子是一种天然的艺术品,叶子基部绿色,中间黄色,叶尖绛红,当地居民常常用它的叶子编织成自己喜爱的漂亮帽子。其花单性,雌雄同株,雄花序呈穗状,雌花呈圆球形,它的雄花和雌花序都是分别从叶腋长出。圆球状的雌花序成熟时就是可口的面包果。这种果是一种聚花果。面包果的大小不一,小如柑橘,大似足球。面包树的结果期还特别长,从头年11月一直可以延续到次年7月,长达9个月之久。一棵面包树在一年之中分批结果,依次成熟,1年可以收获3次。每棵树可以向人们提供面包果60～70年,这样的天然面包厂在世界上还是少有的。

(深圳市大冲小学　安之林)

神奇的仙人掌

【教学内容】
　　苏教版《科学》四年级下册第一单元第一课《仙人掌和骆驼》里的一个知识内容。

【设计理念】
　　根据学生的认知结构和原有知识,以问题——猜测——实验验证——结论贯穿整个教学过程,开展实验和讨论研究,结合推理、比较、小组竞赛等方法,采用实物观察、学生自主收集相关资料,让学生主动参与到学习中,使他们充分感知科学知识的探索过程,提高他们对科学知识的兴趣。本教学设计以问题——猜测——实验验证——结论的科学知识的探索过程为重点,以剖析仙人掌的构造为难点,让学生充分认识仙人掌适应沙漠环境的本领。由于这一课内容较多,于是我便把它细分,以便于学生更好地、全面地掌握知识。

　　本教学设计包括六方面的知识:
　　1. 你知道沙漠是怎样的吗?
　　2. 思考并讨论沙漠里有哪些植物,最常见的是哪种植物?
　　3. 回答关于仙人掌及其生活环境的相关问题。
　　4. 探究仙人掌能在沙漠里生存的本领即剖析仙人掌的构造。
　　5. 了解沙漠中的植物多属于肉质型植物。
　　6. 认识仙人掌的种类,欣赏花、果实等。

一、知识背景

　　仙人掌是沙漠环境中典型的植物,"以神奇的仙人掌"为话题,实际上是要探究更多的沙漠中的植物及其适应生存的本领。沙漠的环境极其严酷,温度极高,降雨量非常少(平均年降雨量少于25厘米),多是由沙、砾石或岩石一类的物本覆盖成,看上去死气沉沉。在这样奇刻的环境中,居然还有很多的动物和植物,而大片绿洲就成为唤醒沙漠的生命力的特派使者,仙人掌当之无愧居首!

二、学生背景

　　学生对沙漠环境的知识知道不少。学生家里有很多是承包果场、花场的,基本上学生家里都种过仙人掌,他们对仙人掌的感性认识比较多,能说出仙人掌的样子,并知道仙人掌有耐旱的本领。前三部分的教学目的是为了激活学生原有的知识储备,把学生头脑中支离破碎的知识纳入到比较完整的体系中来。学生对仙人掌的叶子的功能和茎的构造等知识缺乏,大部分学生不认识仙人掌的各种各样的花及其果实是怎样的。做探究仙人掌叶子能减少蒸发的本领之实验,个别小组对于实验要在相同的条件下进行不够重视,以至影响实验结果。

【活动目标】

一、过程与方法

1. 会查阅关于沙漠的相关信息,了解仙人掌等沙漠植物的生存本领。
2. 能设计探究活动,查明仙人掌耐旱的原因。
3. 会用多种形式表达、交流研究的方法和结果。

二、知识与技能

1. 认识到沙漠环境中有很多植物,还有绿洲。
2. 知道仙人掌适宜生活在沙漠环境里的特殊生存本领。

三、情感、态度与价值观

体会到小组之间的合作的重要性。

【活动准备】

1. 出示仙人掌的实物,有关仙人掌的本领的录像资料。
2. 各种各样的仙人掌,仙人掌的花、果实等图片资料(课件)。
3. 每小组三张纸巾、三张锡箔纸、一张蜡纸,一杯有颜色的纸。(学生可选择)

【活动过程】

一、创设情景,导入新课

1. (教师出示"蓝猫淘气三千问"里有关沙漠的音像资料)由蓝猫先生来提问:沙漠是怎样的呢?

学生交流自己收集的资料。

2. 师:可是蓝猫先生不知道沙漠里有哪些植物,最常见的又是哪种植物?同学们,你们知不知道?我们来帮帮他好不好?

3. 学生回答。

(由蓝猫影碟来引入,很快能调动学生的积极性,学生的兴趣一下子就上来了,使导入很容易地进行,避免了枯燥无味地引入,老师利用学生乐于助人的精神,激发学生兴趣,活跃课堂气氛)

二、师生新课互动

1. 老师探究学生对新课的认知背景。

(出示盆栽仙人掌实物)

师:同学们,对于仙人掌,你们有哪些认识呢?仙人掌有什么特点呢?它能在什么样的环境里生存呢?

学生讨论后回答。

2. 师生探究仙人掌的生存本领(板书课题:神奇的仙人掌)。

(1) 学生提出有关仙人掌的问题。

师:对于仙人掌大家都不陌生,可是你们都了解它吗?对于仙人掌你有什么问题想探究的呢？

生：仙人掌长得好怪啊！它有很多刺，我想知道仙人掌的刺有什么作用？

生：是啊，我的问题和刚才那个同学一样，玫瑰花也有刺，为什么它却不能在沙漠里生活？

生：我知道仙人掌能耐旱，我想知道：仙人掌天天浇水行不行？

生：仙人掌分为哪几部分呢？

生：仙人掌的很"肥"的部分有什么作用呢？

………

老师指出仙人掌的各部分名称：根、茎、叶。

老师整理，收集有关仙人掌的叶子、茎等问题。

（2）学生猜测仙人掌的叶子、茎的本领。（老师整理，形成探究内容）

（3）学生讨论后小组设计怎样验证实验。（老师小结，规范其实验方法及注意事项）

（4）师生基于本校学生知识水平，共同设计实验验证表。

神奇的仙人掌	
组别（小组成员）	
探究方法	
怎样实验	
所需实验器材	

（5）学生动手实验进行验证。（老师巡视指导）

（6）师生总结，形成结论。（老师出示仙人掌的纵切面图，总结仙人掌的本领）

（这个环节以"问题——猜测——实验验证——结论"贯穿，为了更好地树立学生的科学意识及科学探究方法，让学生明白科学课是一门特殊的学科，探究问题应像科学家那样去研究；出示仙人掌的纵切面图，对仙人掌的构造进行剖析，让学生更直观地了解仙人掌的本领）

1. 学生探究沙漠中的植物多属于肉质型植物

（1）学生说出沙漠里还有哪些植物。

（2）老师出示课件：沙漠里的植物的图片，我们周围的植物的图片。

（3）学生思考并讨论：沙漠里的植物是不是都和仙人掌一样？和我们身边的植物有什么不同之处，沙漠里的植物有没有共同点？

（4）学生汇报讨论结果，得出：沙漠里的植物的叶子都是厚厚的，很多肉的结论。

（5）老师总结：提出科学名词"肉质型植物"，沙漠里的植物多属于肉质型植物。

（通过了解仙人掌的特殊本领后，因为仙人掌是沙漠里的植物，学生可能会想到沙漠里的其他植物是不是和仙人掌一样呢？激起学生的求知欲，老师用课件把沙漠里的植物和我们身边的植物联系起来进行比较很容易得出：沙漠里的植物的叶子属于肉质型的；老师采用推理、比较的方法，避免单一的探究）

三、知识的延伸

老师利用课件展示，让学生认识仙人掌的种类，欣赏花、果实等。

学生用自己的方法对仙人掌进行探究。

☆板书☆　　　　　　　　　　　神奇的仙人掌

	叶子	茎
特点	呈刺状或针状,外包一层角质	肉质、多浆
作用	减少水分的蒸发	充分储藏水分、养分

【活动评述】

　　该教学设计知识内容丰富,符合科学逻辑,教学思路非常清晰。教学导入充分迎合学生心理(学生非常爱看蓝猫系列影碟),很好的激发学生的科学探究兴趣。师生互动较多,最突出的地方就是:师生共同完成实验验证表,能充分体现学生的自主学习性(由学生提出想探究的问题——猜想——设计实验等),体现了教学的民主性。

【资料链接】

　　1. http://www.cacties.com 仙人掌图库 仙人掌之花－1—3 leifang 仙人掌摄影
　　2. http://www.baidu.com 沙漠植物分类标本园
　　3. http://www.szbg.org 沙漠植物区
　　4. http://www.cnwesthotline.com 沙漠植物 仙人掌类植物特征

　　　　　　　　　　　　　　　　　　　　　　　(深圳市南山区白芒小学　戴映丽)

我们的位置在哪里

【教学内容】

苏教版《科学》四年级下册第三单元第一课。

【设计理念】

以学生为学习的主体,并根据学生的需要和认知水平合理安排活动内容,为学生提供足够的学习机会,引导学生积极参与学习,让每一位学生获得真切的体验,促进学生多方面的发展。在这一课的学习活动中,我为学生安排了:说自己的位置、标出自己的位置、说老师的位置、说自己家的位置、画从学校到家的线路图等一系列活动。通过这些活动使学生知道如何确定物体的位置。

【活动目标】

一、过程与方法

能够在探究过程中定性地描述物体的位置。

二、知识与技能

1. 知道位置在物体运动中的作用。

2. 会用运动的时间、方向或距离等描述物体的位置,并画出相应的示意图。

三、情感、态度与价值观

尝试用辩证的眼光看问题,意识到物体位置之间的相对性。

【活动准备】

学生准备:课前考察从自己家到学校的路线。

【活动过程】

一、创设问题情境

师:每个同学在班上都有自己的一个位置,这节课我们就来研究一下我们的位置在哪里。

二、探究学习

活动一 我的位置在哪里

1. 说一说你在教室里的位置。

这个环节中，先让学生在小组内说自己的位置，然后讨论"怎么说自己的位置？"。学生们会根据自己对位置的理解说出确定位置的方法，再在班上交流。

这个活动的目的在于调动学生的生活经验。学生根据已有的知识和经验，一定会有很多描述。他们可能会说"我在谁的后面，我在谁的前面""我的左面是谁，我的右面是谁"等等。通过探究知道要确定位置，首先要选择一个物体(参照物)，比照参照物来确定位置。

2. 用坐标表示自己的位置。

在学生说过自己的位置之后，老师让学生思考这样一个问题："如果有人不认识你们班的同学，也没有到过你们班，你该怎样向他描述自己在班上的位置？"

这个活动的目的在于帮助学生建立坐标的概念。这时候，学生可能会说"我坐在第几组的第几个"、"我坐在第二排第三个"等。经过大家的不断探讨，学生会认识到用"从前往后数，我在第几排；从左往右数，我在第几座"或"从左往右数，我在第几行；从前往后数，我在第几座"这样的方式说出自己的位置。

3. 指导学生用坐标来确定自己的位置。

先让学生在书上的表格中标出自己的位置，在这个过程中，老师把事先准备好的空白座次表贴在黑板上，然后，请同学们在上面标出自己的位置。

活动二　老师的位置在哪里

老师站在一个固定的位置不动，让学生来说老师的位置在哪里？老师可以挑选班上坐在不同方位的学生来说。(学生可能有的会说"老师在我的前面大约5米的地方"、"老师在我的右前方"、"老师在黑板前面"、"老师在讲台旁边"等等)

讨论"老师没有移动，为什么大家说的不一样？""刚才同学们的表述中，哪些确切，那些不确切？"

这个活动的目的是让同学们从前、后、左、右不同方位的学生对老师位置的描述中会发现，老师站着没动，而大家对老师位置的描述却是不一样的。让学生认识到描述一个物体的位置时，选择不同的参照物，会导致不同的结果，有了参照物才能用"在参照物的什么方向、距离参照物多远"的方法来说清楚一个物体的位置，从而进一步加深对参照系的理解。

活动三　我家的位置在哪里

"告诉大家从学校到你家怎样走"。先让学生在小组中说一说从学校到自己家的路线。然后，老师出示学校周围的地形图，指导学生认识方向(图是上北、下南、左西、右东)，请学生上台指出家的位置。

指导学生自己画一张从学校到自己家的路线图，在自己的图上加上方向标。

展示、交流自己的作品。

讨论："确定位置需要哪些条件？"

通过这个活动，学生不仅知道确定位置需要有参照物，并且从大家的"我家在学校的北边大约 200 米。"、"我家从学校向东再向南走大约 10 分钟。"这些描述中知道,位置还可以用方向、运动的时间和距离来表示位置。

板书设计:

我们的位置在哪里

参照物

方向

距离

运动的时间

【活动评述】

　　这节课的活动设计注重了学生的主动参与,学生自主做实验、记录、分析、表达。活动的设计是面向全体学生的,像说"自己的位置"、"标出自己在班上的位置"、"说自己家的位置"这些活动都是全员参与,没有旁观者;同时,又照顾到个别,像请学生上台标自己的位置、在图上指出自己家的位置等,就为其他同学作出了示范。

　　在探究学习方面我从学生的生活经验入手,从始至终,没有教学生怎样做,而是让学生通过参与各种活动,根据自己的知识经验不断地完善、提高自己的认识。活动的安排也从易到难、目标从小到大。第 2 个活动,在原教材中是"操场上旗杆的位置在哪里",根据学生的情况和最初的教学效果,对这个环节做了一些改动。改为"老师的位置在哪里"。这样可以使学生的观察更直接,更便于同学们在课堂上讨论。

【资料链接】

　　参照系:为确定物体的位置和描述其运动而选作标准的另一个物体叫做参照物;几个彼此之间相对静止的物体系,又叫参照系。一般所说物体的运动,都是相对于某个参照物而言的。参照物可以任意选择,在研究地面上物体的运动时,常选地面或固定在地面上的物体为参照物。

　　坐标:是定量描述物体相对于参照系的位置时所建立的体系。所谓坐标系指的是描述空间位置的表达形式,即采用什么方法来表示空间位置。

(深圳市前海小学　刘　良)

小车与斜坡

【教学内容】
　　本活动设计是在实施南山区"做中学"课题研究的过程中，将苏教版《科学》教材应用于"做中学"活动的一次教学尝试，旨在寻求以"做中学"活动为中心，合理利用教材（包括学具）以进一步有效地开展具有较强开放性、综合性、实践性和创造性的"做中学"主题活动的有效途径。

【设计理念】

一、追求活动内容与材料的开放性和弹性、趣味性和结构性、探究性和实践性

　　1. 活动内容围绕"小车与斜坡"的专题展开，使教学内容具有较大的弹性空间。在小车、坡度可变的斜坡、钩码等情境性材料中，学生可以自主地发现和研究小车沿着斜坡所做的运动，小车从斜坡上冲出的距离与什么有关系？跑的快慢与什么因素有关系？沿斜坡向上爬是否省力？省力大小与什么因素有关系？……在这种弹性空间中，有利于培养学生从各个角度发现问题，提出问题的能力，有利于培养学生探究性学习的主动性。

　　2. 小车在斜坡上运动的活动具有较强的趣味性。在学生的操作下，小车可以由静变动，可以由动变静，可以改变运动的距离，可以改变运动的速度，可以改变拉力的大小，可以使斜坡缓或陡，……趣在动中、趣在变中，容易实现"做中学"亦趣亦乐的目的。

　　3. 材料选择具有很强的结构性。在小车、斜坡面前，学生很容易就想到让小车从斜坡上冲下来。把小车拉到斜坡上去等活动；尺子可以用来测距离；测力计可以用来测力的大小；计时器可以用来测时间；蜡可以用来给车轴擦油……不同的材料解决不同的问题，各种材料的有机组合可以帮助学生产生多种问题，提出多个方案，得到多个结果，充分体现结构中有变化，变化中有规律。

　　4. 问题解决具有较强的探究性。学生在活动中去经历并发现规律（小车冲出斜坡的距离与什么因素有关，拉着小车沿斜坡向上爬所用的力与什么因素有关等），设计研究和解决问题的方案（设计实验方法），测量和记录不同条件下的有关数据等等，可以说各个环节都能使学生充分体验到科学的逻辑性和探究性。

　　5. 系列活动具有较强的动手操作性，非常适合展开"做中学"活动。做小车，搭斜坡，控制小车在斜坡上的运动，测量小车经斜坡运动的距离和快慢，及时记录变化情况等，样样工作都需变着法儿地"做"，做中使手巧、做中开心智、做中激发灵感。

二、以学生为主体，以活动为中心，以探究为主线

　　整个活动由玩玩具谈发现活动、选题论证活动、设计和论证方案活动、实验研究活动、研究成果报告会等体现科学探究特点的探究活动组成,问题和想法的提出、方案的制定、方案的实施、成果的交流评价等均由学生来完成,教师的作用是把各项活动组织起来,帮助和引导学生有效地完成各项活动,挖掘活动中蕴含的科学教育价值并及时进行教育,营造良好的"做中学"气氛。

三、深入挖掘,提升"做中学"活动的科学教育价值

以"做中学"活动为载体,在做中学知识(影响物体运动的因素等)、在做中学方法(发现和提出问题、做出假设、控制变量、进行测量、归纳概括等)、在做中培养科学精神(实证、严密、认真、细致等)、在做中学会合作、在做中开发新智。

四、重视培养学生的问题意识

习惯于泛泛地提出一些"为什么"的问题,然后依赖于教师给予解答或者从书本上寻求答案,没有意识的去提出一些适合自己动手动脑进行研究的问题,这是学生学习活动中普遍存在的一种现象。本活动的设计,将重视根据所提供的材料,在老师的引导下使学生提出一些具有一定研究价值又具有可行性的问题;重视通过研究课题的论证活动使学生不仅乐于提出问题,而且善于提出问题;重视通过研究方案的设计活动培养学生的设计规划能力;重视培养学生在活动中继续生发新问题、研究新问题的意识和能力。

【活动目标】

一、过程与方法

1. 能够在利用斜坡玩小车的过程中产生新的发现和新的问题。
2. 能够设计并提出验证自己想法的实验方法和测量方法。
3. 能够设计和运用"控制变量"的实验方法收集证据。
4. 能够区分出解决问题中的假设和事实。

二、知识与技能

1. 能说出或用文字、图表等表示出小车从斜坡上跑出的距离、拉小车爬坡用力大小与坡度等相关因素的关系。
2. 初步学会"控制变量"的实验方法。

三、情感、态度与价值观

1. 体验在玩和做的过程中进行发现和创造的乐趣。
2. 意识到观察实验中采集数据、收集证据应本着一丝不苟、实事求是的态度。

【活动准备】

组装小车的部件、搭斜坡的部件、立尺、测力计、钩码、秒表、蜡、毛巾、胶带、实验记录表等。

【活动过程】

一、出示小车和斜坡,突出活动主题

教师出示小车和斜坡,谈话:同学们,你们看今天我给大家准备了什么?大家想玩吗?那今天我们就围绕着小车和斜坡来玩一玩,研究些问题好吗?

屏幕出现活动主题:小车和斜坡

二、玩小车，谈发现

教师谈话：既然大家很想玩小车，想必也很会玩是吗？那好，一会儿咱们看哪个小组的同学在玩的过程中想法多、发现多！现在就请每个组上来一位同学到这边的材料桌上来领取小车，开始玩吧！

学生积极性很高，各小组代表纷纷到材料桌上领取了小车、小轮胎、钩码斜坡等，各小组迫不及待地在斜坡上玩起了小车运动的游戏。有的让小车从斜坡顶端自动冲了下来，有的把装载着钩码的小车拉上了斜坡，有的在给小车套轮胎，有的在改变小车的坡度尝试着使小车冲出更远的方法，……他们操作着、讨论着，时而不由自主地流露出"发现新大陆"般的兴奋与激动。这一自主玩小车的活动旨在使学生能够从小车运动、怎样使小车从斜坡上冲得更远、怎样在斜坡上拉小车更省力等问题中有所发现或产生问题。

当学生尝试了多种发现之后，教师组织学生交流发现，谈话：我看不少小组已经玩出了点名堂、玩出了点意思，现在请同学们来谈一谈你们在玩的过程中发现了什么？

以下是学生发言和教师组织、调控、引导的互动内容：

生：小车可以从斜坡上自动冲下来。

师：你是说你并没有推它也没有拉它是吗？

生：是的。

师：没有推它也没有拉它，它却从斜坡上冲了下来，这是怎么回事？

生：我知道。小车受到了地球的引力，所以它就从高的地方向低的地方运动。

师：地球对物体有引力，你是怎么知道的？地球引力是谁发现的？

生：我从课外书上读到地球引力是由牛顿发现的。

师：有科学家的理论支持，那我们就把这作为一条结论吧！

生：小车从坡度大的斜坡上冲出的距离远，从坡度小的斜坡上冲出的距离近。

……

教师将学生的发现一一写在黑板上：

小车在地球引力作用下从斜坡上冲了下来。

坡度越大，小车冲得越远。

套上轮胎，小车冲得更远。

车轴越滑，小车冲得越远。

车轮的接触面越光滑，小车冲得越远。

装钩码越多，小车冲得越远。

坡度越大，往斜坡上拉小车用力越大。

装钩码越多，往斜坡上拉小车用力越大。

由于学生在宽松的环境下自主地摆弄了小车、斜坡、钩码和轮胎，学生的发现很丰富，从而有效地培养了学生的自主探究和发现能力。教师对学生的积极鼓励和引导使学生的思维得到了有效的激发，发言的气氛非常热烈。

三、激疑设问，讨论研究方案

教师谈话：同学们的发现可真不少！我很欣赏同学们的动手能力和思考能力，可是我对同学们所谈的这些发现又有点怀疑：坡度越大，小车就冲得越远吗？套上轮胎小车就冲得更远吗？……

教师将关于改变某些因素从而使小车冲得更远,往斜坡上拉小车用力大小也改变的想法——标上了"?",变成了一个个有待研究和证实的问题。

教师谈话：我们怎样才能证明？有办法证明吗？说哪个问题都可以。

生：用尺子量一量坡度最大时小车能跑多远,再量一量坡度最小时跑多远,然后量一量坡度不大不小时跑多远,比一比就知道了。

教师又让其他学生谈了其他问题的研究方案。

当学生不再进行补充的时候,教师进行引导：我们在讨论这些问题的研究方法时都考虑到了要改变其中的一个因素。例如我们在研究小车冲出多远这个问题时是在不同的坡度下进行测量的。我们在改变坡度的时候要不要改变其他的条件？例如换一换小车,换一换车轮。可以吗？为什么？

生：那如果小车冲得远就不一定是坡度的原因了。

师：是啊,那就搞不清是什么因素在起作用了。我们在研究其他问题时也得注意：验证哪个因素就改变哪个因素,其他因素都不要改变。

师：我们在通过测量获得数据的时候,怎样得到的数据才更具有说服力？

学生认为应该多测量几次,并尽可能取一个多次重复或接近平均数的数作为最后结果。

四、小组选定题目,自主进行研究

教师安排学生在一分钟内选定所要研究的问题,到另一个材料桌上选取研究问题所需要的工具和记录表。学生有的选取了拉尺,用来测量不同坡度情况下小车冲出斜坡的距离；有的选取了拉尺和蜡,用于研究车轴擦蜡的情况下小车是否冲得更远；有的选取了测力计,用来测量在不同坡度或钩码不同的情况下沿斜坡向上拉小车所用的力。

为了培养学生严谨的科学态度和良好的研究习惯,教师在大屏幕上为学生提供了如下建议：

科学研究需要认真细致的科学态度,你们小组在进行测量时能做到细心认真吗？

为了使测量结果更准确,你们小组能多测量几次吗？如果几次测量的结果不完全相同,你们会怎样确定出一个更有说服力的数据？

科学研究需要集体的合作,你们小组在研究问题时能做到合理的分工和有效的合作吗？

为了避免影响其他小组的研究,养成良好的学习习惯,你们能做到轻声讨论吗？

假如你在研究中遇到我们今天难以克服的困难,你会放弃吗？你会继续创造条件将研究活动继续进行下去,并直至成功吗？

学生分组进行了积极主动的实验和测量。学生有的操作小车的运动,有的互相合作进行测量,有的积极参与读数,有的认真进行记录,学生活动热情高涨。有的小组完成任务后主动向教师请求新的研究任务,教师让他们将已经做好的研究报告提前展示在实物展台上,然后另选材料继续研究。有的小组在15分钟内研究了两个问题。教师在整个活动中进行了及时有效的指导和帮助。

五、通过研究成果发布会,介绍和交流研究成果

当教师观察到各小组至少已经完成了一项研究任务时,组织学生进行成果介绍交流,教师谈话:刚才同学们的研究工作很积极、很投入,各小组已经至少完成了一项研究任务。现在我们就像科学家那样来召开一次简单的研究成果报告会。哪个小组先来给大家展示介绍一下你们小组的研究成果?

在这次展示介绍活动中,有5个小组通过实物投影对研究的问题、记录的数据、得出的结论进行了介绍和交流。每次介绍,只要数据能够足以说明结论,其他学生提不出问题,教师便在屏幕上去掉相关问题的"?",形成结论。

当有个小组的学生在介绍"装钩码远多,小车冲得越远吗?"的研究结果时,提供了如下数据:

改变载重量	小车冲出斜坡的距离(厘米)			
	第一次	第二次	第三次	最后结果
1个钩码	42	45	45	45
2个钩码	49	48	47	47
3个钩码	51	48	51	51

教师便做了如下谈话:对于这个小组的研究结果,其他同学有没有意见?

当看到学生在确凿的数据面前没有提出意见时,教师便表达了自己的疑问:会不会存在这样一种可能性,那就是载重量越大时会造成小车行驶得越困难,那它还会行驶的远吗?我觉得这是个很值得继续研究的问题。大家愿意继续研究吗?

六、简要小结,激励探究

教师谈话:从今天的活动来看,同学们表现得都很优秀。各小组不但通过玩玩具提出了自己的新发现、新问题,而且对这些问题进行了认真细致的实验和测量,解决了问题,获得了知识。老师相信同学们会在今后的生活和学习中能够像今天一样不断地发现新问题、研究新问题,使自己变得更聪明,更有才干。

【活动评述】

本次活动在整合科学课相关内容,体现"做中学"教育理念方面做出了积极有益的尝试。该活动以"小车和斜坡"为主题,较好地体现了活动内容的综合性、结构性和开放性,活动方式的灵活性、探究性、自主性和创造性,以及活动价值取向的丰富性和多元性。

1. 在斜坡上玩小车,学生可以在玩的过程中接触和感受运动和力的多方面内容:小车从高处向低处运动——地球引力;小车冲出斜坡的距离涉及的相关因素;沿着斜坡拉物体比直接提起重物省力;往斜坡上拉物体的力设计的相关因素等等。教师虽然不去刻意灌输这些内容,但"小车和斜坡"的主题特性却使学生自然而然地在"玩"和"做"的过程中产生了这些方面的问题和想法,较好地体现了活动内容的综合性、结构性和开放性。

2. 学生围绕着小车和斜坡在灵活、宽松的气氛中自主地"玩"、自主地"做",使学生的探究欲和创造性得到了激发,因此便有了学生的多种发现。由于想法是学生产生的,问题是学生提出的,学生就有了验证这些想法、研究这些问题的主动性,从而提出了一些具有严密性和创造性的研究问题的方法。

3. 主题只有一个,但问题和工具材料(测量工具、记录工具、改变因素的辅助材料等)却是自助餐式的,具有较大的选择性和弹性。学生根据自己的兴趣和研究优势选择问题,根据问题的性质去选择工具材料,使学生的活动更具自主性、个性和灵活性,因此整个活动也就有了更大的空间和开放性。

4. 内容和活动的综合性、开放性、自主性、弹性以及学生在活动中表现出的个性和创造性同时为教师的多重角色、多方面作用提供了一个展示的平台。从该活动的实施情况来看,教师在活动内容和材料的设计、组织,活动情境的创设,活动的组织和指导,活动的整体调控,尤其是在激励、引导和诱发学生思维的灵活性和创造性等方面发挥了很好的作用。

另外,内容的综合性和开放性决定了学生在活动中会暴露出一些与运动和力的基础原理不一定一致的想法,如何对此进行处理,才能既保护学生继续探究的欲望,又不至于对学生造成误导,尚需进一步研究探讨。

【资料链接】

1. 路程和位移。

质点从空间的一个位置运动到另一个位置,运动轨迹的长度叫做路程。路程是标量,只有大小,没有方向。在直线运动中,路程是一段直线的长度,在曲线运动中,路程是这段曲线的长度,在往复运动中,路程是质点所通过的折线的长度。位移是表示物体位置变化的物理量,位移是矢量。位移的大小等于质点从初位置到末位置的直线长度,其方向从初位置指向末位置。它只表示位置变化的实际效果,不反映真实的运动路径。

2. 速度和加速度。

速度是描述物体运动快慢程度和反映运动状态的物理量。速度是矢量,有大小和方向。在匀速直线运动中,可以认为物体单位时间内通过的路程就是匀速直线运动的速度;当粗略描述变速直线运动时,用物体通过的位移和相应的时间的比,即平均速度来描述。平均速度的大小取决于不同的时间或位移,在计算或描述变速运动的即时速度时,必须指明什么时刻或什么位置上的即时速度。计算某一时刻的即时速度,就是在这时刻附近无限短的时间内的平均速度的极限值。在力学中常说的初速度、末速度等都是指即时速度。

在描述物体运动时,不仅需要描述它的速度,而且需要描述它的速度变化情况。速度的变化跟时间的比值可以表示速度变化的快慢,这个比值越大,表示速度的变化越快。在物理学中,把物体速度的改变量跟所经历的时间的比值,叫做物体的加速度。

3. 自由落体运动。

实验证明,轻重不同的物体的下落运动具有相同的规律:当没有空气或空气阻力的影响可以忽略时,轻重不同、形状不同的物体落下的速度是相同的。

物体在没有空气的空间或空气的影响可以忽略时,从静止开始的自由下落运动,叫做自由落体运动。

自由落体运动是初速度等于零的匀加速运动。自由落体下落时,它的位移跟时间的平方成正比,即 $s=1/2at^2$,据此可以求出它的加速度 $a=10$ 米/秒。这个加速度的值对于一切自由落体运动都是相同的,因此叫做自由落体加速度,也叫重力加速度。

(深圳市大冲小学 安之林)

玩 气 球

....

【教学内容】
苏教版《科学》四年级下册第四单元第五课。

【设计理念】
1. 科学学习以学生为主体。科学教育必须让全体学生参与以探究为目的的研究活动,教师应为这种活动提供必要条件和环境,给学生充分发展的时间和空间。
2. 科学学习以探究为核心。学习科学是学生要亲自动手做而不是要别人做给他们看的事情,提倡"搞科学",而不是"讲科学"。要让学生去想,去说,去做,去表达,去自我评价,去体会科学思想的真谛。教师只是学生活动的组织者与指导者,要让学生去"做科学"、"做中学"而不是靠教师"讲科学"。

【活动目标】

一、过程与方法
1. 能够利用老师提供的材料,设计自己喜欢的探究活动。
2. 能够在实践操作的基础上,不断创出新的设计、新的玩法。

二、知识与技能
1. 知道从气球外壁的不同位置刺穿气球会有不同的现象。
2. 知道气球爆破时发出的巨大声音是由于气球邻近压力变化很大造成空气剧烈振动产生的。
3. 初步知道爆破过程应包括气流窜出和张力外拉两项主要因素。
4. 利用贴胶带增加强度,知道用针刺气球而气球不会爆破的原因。
5. 掌握吹气球的技巧。

三、情感、态度和价值观
1. 体验到大胆与勇气,合作与参与。
2. 体会在熟悉的事物中存在着许多科学道理。

【活动准备】
1. 学生准备:
气球、线绳、针、透明胶纸、剪刀等。
2. 教师准备:
录像片——演示气球破裂时的慢镜头、长条的毛衣针或竹签。

【活动过程】

一、探究活动——气球爆破的过程、情形

师：同学们，看老师手里拿的是什么？接下来，你能用嘴吹一个这么大的气球吗？看老师手里拿的是什么？接下来我要用针来刺气球，你猜会发生什么现象？

师：不要害怕，没事的，老师和其他同学都相信你能完成这个任务。

（设计意图：第一个体验活动——刺气球消除孩子的心理障碍，保护孩子的好奇心。学生此时会紧张、害怕的，教师应积极消除学生的恐惧心理）

师：那么，爆炸时会发生什么现象呢？好，下面我就请同学们观看周老师表演——勇士刺气球！做刺破气球的动作。你们想不想也来体验一下？想亲自做一做的同学请举手，好。

（设计意图：通过以上活动，使学生明确做事要敢于体验，科学是需要勇气的。在科学的先锋身上，就应该有一种不畏艰险、不怕牺牲的精神）

师：接下来，我们大家观看，五二班32名小科学家的表演，八仙过海各显神通刺气球。不过，老师有两个要求和一个提醒，要求一：要好好的去体验气球爆炸时的心理感受。因为爆炸是一瞬间发生的现象，前后你的心理是不同的。要求二：是将发生的现象记录下来，是全部的现象，这就需要你仔细的观察，去听、去看、去想，然后，小组合作将你们看到的、听到的和想到的这些现象用最简洁的句子记录下来。提醒的是要大家注意安全，大头针要保存好！另外，为了使大家多观察几次，我们这样来做：轮流表演刺气球，这排做的时候，你们这排过来同时观看，好不好？

好，开始吧！（教师提醒学生将气球的碎片捡回来）

（设计意图：让学生明白，要将气球的碎片捡回来，这也许是很重要的实验依据！同时这也是环保行动）

师：请大家安静，下面就将刚才发生的实验现象和你的体验感受记下来吧！

学生做实验并记录。

师：同学们，刚才我们很顺利的完成了表演，我想大家会有很多的话要说，我和其他老师们也很想听一听。

师：好，汇报的非常好，说得很真实、很全面，这说明同学们很会观察并很投入地做一件事情了。特别令我感动的是同学们战胜了自己，而且说出了自己的亲身感受，体验和消除了恐惧心理。

师：同学们，虽然我们记录的很全面、很真实，但遗憾的是在瞬间发生的爆破现象，你我是看不到的。刚才，同学们说的只是我们根据现象进行的推测，当然，这个想像也是很重要的。如果我们想个办法能够很清楚地看到气球被刺后是怎样"嘭"的一声爆炸的，那该多好呀！

师：同学们，老师经过了大量的实验和尝试，找到了一个办法，那就是借助一种材料，将爆炸现象放慢，也许能解决这个难题，也许会有惊奇的发现。具体方法是这样的：撕一块透明胶带，贴在被刺的地方，要贴实不要有缝隙，完成后，用手揭住气球，用点力将透明胶纸和气球刺穿，迅速拔掉大头针，这时可要瞪大眼睛观察呀，说不定会有惊奇的发现，看好了……这样吧，这次体验你们先做。在这边的纸箱里有气球，每组先取一个就够了。有困难，请找周老师。不成功就再做一次。开始吧！

师：静下来,安静下来,怎么样？看到了吗？有哪几个小组没有看到？噢,三个小组,这很正常的！没有失败就没有成功,老师在研究实验时也是经常失败的。大家看屏幕,我们一起观看,这次实验是否能成功！

（教师演示）

师：很神气吧！惊奇吧！原来气球是这样从小洞开始爆炸的。很想说说吧！看谁说的生动详细！

师：很好,我们再一次体验了气球爆炸的情形,又一次战胜了恐惧心理。真正看到了气球被刺后是怎样爆炸的。老师为你们喝彩！

二、探究活动——刺而不破的气球

师：（手拿一个吹气的气球）同学们,我们知道了气球被刺穿就会爆炸,那么,或许有的同学会产生这样的问题,气球被刺就一定会爆吗？（语气加重,稍作停顿）会不会刺而不破呢？是不是刺气球的每一个地方都会破呢！怎么办呢？怎样来解决这个问题呢?！

师：大家先不要急着做实验,还是先来仔细地观察气球的外表,也许你会发现什么？然后,估测从哪儿刺会不破,从哪儿刺会破,为什么？或者是不管从哪儿刺都会破,为什么？说出你的理由,要合作要讨论！各小组再从纸箱里拿一个气球来观察！

师：谁来说说？你们的预测、猜测,关键是要说出理由来,你是怎样想的,怎样推测的？都可以说！

师：好,发表你们的观点,你们的观点很重要。谁来说？你来！有不同意见吗？有哪个小组跟他们是一样的？你的估测是不是合理呢？接下来我们来验证一下！需要提醒的是,这次更要把气球拿稳了,不要晃动,才能刺准你们估测的位置。停一停,让这个小组来演示一下,真了不起！探索成功了！成功的体验！我真替你们高兴！鼓鼓掌感谢感谢自己！

师：还有从其他地方可以穿过的吗？从气球的另一端穿过会怎样呢？我们来试一试！（很惊奇的神态后,教师演示）哇！穿过了穿过了！成功了！拿出来看会不会爆炸,不会的！看！不会的！这儿要注意一定要把针取下来,以防待会儿爆炸的话,会把针带走的！

你们体验一下吧！（如果时间来不及,就由教师全部演示）

师：穿了一个小洞,不会破！穿一个大洞呢！（说着起一根粗竹签）用它会怎样呢？能穿过去吗？穿过就好了！哇！成功了！又一次成功了！只要去探索,去做,去大胆的试验,就会成功的！同学们,此时,你们有什么要说的吗？对今天的课,今天的活动,有什么要说的吗？

师：同学们,一个小小的气球竟然给我们带来了这么多的乐趣,一个司空见惯的气球爆炸现象,竟然帮助我们了解了这么多的科学知识,一个见怪不怪的气球竟然包含着这么多值得探索的秘密！在我们生活中,有各种各样的熟悉的事物和现象,它们同样包含着很多的科学道理和很多值得探究的未知秘密,如同苹果落地一样,多么平常的一种自然现象,却引起了善于发现善于观察的伟大的科学家牛顿的注意,从而发现了地球引力的规律,推动了社会的发展！同学们,科学就在我们身边,我们身边就有科学,我们就应该像牛顿那样,像今天这样,去尝试、去研究、去探索、去发现,这就是创新。

师：同学们,这节课马上就要结束了,但我们的研究并没有结束,更准确地说应该是刚刚开始。不是吗？大家看,在这种情况下,会不会刺破气球呢？再来看,同一个气球把它吹成了大小不等的样子,很明显一个比一个厚,厚的就不破了！所以说,科学研究是永无止境的！

【活动评述】

一、教学内容的选择

1. 关注和重视孩子们在生活中感兴趣和需要解决的问题,并把它们作为科学教育内容的重要来源,《玩气球》就是孩子们感兴趣的一个内容.围绕气球探究的一系列问题,也是适合小孩子探究的问题。

2. 从孩子们身边选择易于获得的和有教育综合体价值的物品,作为他们的操作材料。对于司空见惯的气球,孩子们耳熟悉不过了,本课中尽量充实丰富教学内容,将孩子们向前推一推、扩一扩和引一引,使孩子们始终以强烈的探究欲望、好奇心,以全新的思维方式去感知、体验熟悉的事物中竟有如此多的未知的科学秘密,使孩子们认识到身边就有科学,科学就在身边。

3. 孩子们熟悉的、感兴趣的存在现象,如气球爆炸的现象,要放手让他们自己操作,并让孩子们全部了解气球爆炸现象的发生过程,如此反复,孩子们的好奇心始终处于一种渴求得到满足的状态,使得孩子们潜能的开发无以穷尽。未来的科学家精神都是在这样的状态下培养形成的。

二、教学目标的再定位

1. 过程与方法：定位在让孩子们通过三次层次不同的刜气球的体验活动充分体验科学探究、科学发现的过程——提出问题、猜想预测、动手操作、记录信息、解释讨论、得出结论、表达交流,发展孩子们探究解决问题的能力。

2. 知识与技能：定位在让孩子们知道气球爆炸的过程和情形,知道气球这个熟悉的物体(玩具)包含有很多的科学秘密。当然,这里面潜藏的科学知识是很多的,如张力、压力、振动、气流、爆炸、材料(弹性材料的结构)等等,虽然不能讲给孩子们听,孩子们也不可能完全理解,但是随着孩子的成长,孩子们会理解的。尤其是在培养了孩子的好奇心和探究欲的基础上,他们会自发的去研究去探索,我们的任务就是引领孩子们学会走上科学探究的道路。这就是第三个目标。

3. 情感、态度和价值观：定位在勇敢、勇气、体验成功、合作、乐于探究,反复尝试与探索。本课尤其引起孩子们的心理震撼,使孩子们的情绪波动,孩子们一次次的消除了恐惧的心理障碍,战胜了自己,体验了成功,更重要的是通过这一次次的活动孩子们坚定了"我能行"的自信心,和明白了科学探究需要付出、需要代价的科学精神,同时,很好地保护了孩子们的好奇心和求知欲。韦钰说,保护好孩子的好奇心是体现"做中学"的前提条件。

三、教学活动的设计

是为实现教学目标而设计的,通过三次不同的体验活动：刺气球——观看气球爆炸——刺不破的气球三个层层递进的活动,逐一实现各个教学目标。

第一次体验活动——消除心理障碍,保护好奇心,使孩子能观察,进而培养孩子们的观察力。观察力是科学研究的基本能力。孩子们很想刺气球而由于惧怕心理又不敢去刺,更谈何观察气球的爆炸呢。只有消除心理障碍,体验爆炸,感受心理变化后,才能使观察顺利地进行。

第二次体验活动——心理体验、情绪波动又递进了一步。

第三次体验活动——心理情绪、好奇、惊奇、惊叹!探究欲望更强烈!

(深圳市卓雅小学　张和平　周康熙)

摆的研究

【教学内容】
　　苏教版《科学》四年级下册第三单元第四课。
【设计理念】
　　本课强调的是让学生高兴地"做科学",通过动手去体验科学。以"假设与收集证据"这一学习方法的学习与训练和以"自主学习"来促进学生发展的教学观为指导,让学生研究摆的快慢,并与小组其他成员进行合作与交流。这节课教学的收获并不在于最后的既定结论,而在于学生在研究过程中会有很多思维在活动,学生们之间会有很多的交流。
【活动目标】
　　一、过程与方法
　　1. 能够对影响摆的快慢的因素做出假设。
　　2. 能够根据假设设计实验进行验证。
　　3. 能够使用"控制变量"的方法搜集证据。

　　二、知识与技能
　　1. 知道摆的快慢与摆长有关系:摆长越短,摆得就越快;摆长越长,摆得就越慢。
　　2. 认识到"控制变量"是一种搜集证据的重要方法。
　　3. 知道可以用数据分析实验结果。

　　三、情感、态度与价值观
　　1. 体会反复实验获取可靠测试结果的重要性。
　　2. 体验到对待科学研究要持严谨的态度。
【活动准备】
　　1. 多媒体课件。
　　2. 线若干、剪刀、计时器、量角器、制作摆锤的材料(钩码、回形针、小石头、四驱车轮胎等)。
【活动过程】
　　一、导入
　　1. 出示并演示——摆。
　　出示一个已经制作好的摆,并让它动起来。(学生一下子被这个以前没见过的装置

吸引住)

  2. 问：你见过类似这样运动的物体吗？

二、认识摆

  1. 谈话：我在一根细线下面挂一个重物，把细线上端挂在支架上，你知道这个装置叫什么吗？手拿起来，然后一松，它可以自由来回摆动，我们把它叫"摆"。

  2. 讲述：介绍摆的主要组成部分(摆线和摆锤)。

  3. 讲解：怎样让摆动起来和计算次数的方法。

  我正对着摆，拿起摆锤，摆线要直。实验时，手轻轻一松，不要用力推。摆出去，再回到起摆的位置，往返一次，叫摆动一次。

三、探究活动

  1. 师生共同活动：测量同一个摆在相同时间内摆动的次数。(同一个摆，在相同时间内，摆动的快慢是一定的)

  2. 你想知道你们小组的摆，在 10 秒钟摆动的次数吗？

  学生活动：测量自己小组的摆，10 秒摆动的次数，并做好实验记录。

  3. 汇报与交流：展示学生的实验记录。

  问：你有什么发现？

  学生：次数不一样。

  结果：不同的摆，摆动的快慢是不同的。(板书)

  4. 质疑：摆的快慢与什么有关？

  学生小组讨论。

  学生汇报，教师归纳整理学生的假设(如摆角、摆线、摆锤等)。

  5. 谈话：我们的假设是否正确呢？需要我们通过实验来验证。你们可以小组讨论一下：你们组准备研究哪个假设，准备怎样研究呢？如果有什么需要，你可以告诉我。各小组拿出记录卡，小组内相互讨论一下，并做好记录。

  6. 各小组汇报想研究的问题和实验方案。

  7. 点拨实验方法及注意事项。

  8. 学生研究，并做好实验记录。

  9. 展示学生实验结果(实验记录卡)。教师引导归纳：摆的快慢与摆锤轻重、摆角的大小无关，与摆线长短有关。摆线越长，摆得就越慢；摆线越短，摆得就越快。(板书)

  摆的快慢与 ⎰ 1. 摆角 —— 无关(或关系不大)。
              ⎨ 2. 摆锤 —— 无关。
              ⎱ 3. 摆线 —— 有关。摆线越长，摆得越慢；摆线越短，摆得越快。

【活动评述】

  一、创设情景，激趣导入

  科学课程最基本的特点是从学生身边的自然事物开始学习，以形成对自然进行探究的习惯、初步掌握研究自然的技能和获取关于自然的知识。因此，适当的问题是探究的起点，提出什么样的问题与怎样提出问题，就成为关键。一上课，我首先出示一个已经制作好的摆,并让它动起来。学生一下子被这个以前没见过的装置吸引住了。然后我请学生说一说生活中见到过什么物体像它一样运动。学生的思维一下子活跃起来,想起了玩过的秋千、大笨钟的钟摆、小孩躺的摇篮等。

二、注意准备有结构的实验材料

我在给学生提供摆的时候,有意分类安排各组的摆线长短和不同形状材料的摆锤,这样有利于揭示"同一个摆,摆动的快慢是一定的;不同的摆,摆动的快慢是不同的。"这一规律,为下一步学习创造了条件。

三、注意口令规范,避免操作误差

学生小组实验操作时,如果口令不规范,容易造成发令者与释放摆的同学产生时间误差,就会影响实验结果的准确度。预备——检查起摆位置是否适当;开始——两手指一松,既不推摆,也不送摆,让摆自由摆动;停止——终止摆动的计数。

四、注意对实验数据的全面分析

在科学教学中,要重视培养学生的定量观察能力,《摆的研究》一课是典型的定量分析实验课。本课旨在让学生通过对一定数量的分析,揭示摆的秘密。然而实验数据的准确无误,并非意味着摆的运动规律就显而易见,还要引导学生对实验数据做全面分析。

【资料链接】

1. 伽利略与摆。

1583年,在意大利的比萨城里有一个17岁的大学生,名叫伽利略,当时他正在学医。这天,教堂的钟声又响了,他随着人群跪拜到神像之下。忽然,一阵风吹来,头上发出轻轻的响声。什么在响呢?伽利略不顾低头祈祷的规定抬头一看,原来是悬在天花板上的吊灯微微晃动了。这本来是人们常见的,而伽利略却细心地观察起来。

2. 摆线与摆。

从摆钟诞生那天起,人们就为了提高摆钟的计时精度奋斗着。人们发现,由于温度的变化,摆杆热胀冷缩,影响了摆长。

为了克服热胀冷缩对摆长的影响,人们发明了补偿摆。这种补偿摆由四根黄铜棒和五根铁棒组成,铁棒放在铜棒之间。温度升高时,铁棒伸长使摆锤下降,但同时铜棒也伸长,又使摆锤上升。因此,即使温度改变了,摆长仍然不变,摆的周期也就不变了。

(深圳市松坪小学　李远军)

光怎样行进

【教学内容】
苏教版《科学》五年级上册第二单元第一课。

【设计理念】

一、生活情景的创设,导入探究问题

"情景"也即"情境",是指具体场合的情形、景象和境地。情境是由人的主观心理因素和客观环境因素造成的情与境的有机结合,是"情"与"景"的相互影响、相互作用的结果。在课堂教学中,利用情景教学方法所创设出来的各种情景,能把抽象的东西具体化,把一般的东西形象化,从而吸引学生的注意,在具体形象生动中把知识传授给学生。情境教学本身就是将学生置于所设计的情境中,在学生心理上营造一种由此而发出来的主观情境,进而通过教育者来引导,以达到开发学生智力,发展学生能力,培养学生体质的目的。爱因斯坦说,兴趣是最好的老师。在科学课的活动过程中,通过生活情景的创设,可以将传授知识由静态变成动态,由平面变为立体,从而激发学生兴趣,使学生变被动学习为主动学习,让学生成为课堂的主人。

二、活动的设计,让学生在游戏中进行科学探究活动

学生在以前的教育模式下进行学习时是非常不愉快的。现在,新的课改理念是希望寓教于乐,让学生学得生动活泼。在科学课上,可以进行灵活多样的科学活动,创设别开生面的教学情景,提供丰富多彩的学习资源,让学生在活动中学习、在游戏中学习、在社会生活中学习、在电脑网络中学习、在欢乐的情景中学习、在愉悦的氛围中学习,让学生的学习兴趣和主动性保持持久稳定。

三、科学探究的灵活运用,让学生通过"做科学"来"学科学"

科学学习要以探究为中心。探究既是科学学习的目标,又是科学学习的方式。亲身经历以探究为主的学习活动是学生学习科学的主要途径。科学课的教学要重在"动手做",必须让学生从"亲身经历的科学、探究为主的学习活动"入手,让学生亲自去种、亲自去养,亲自去观察、测量、记录、整理数据、做总结报告、讨论交流,自我评价……只有让他们"亲自"做了,才能发展他们的能力、才能使他们学会科学方法、体验成功的乐趣、理解科学的含义,才能真正做到"以培养科学素养为宗旨",为他们提供学习资源和器材,给他们时间和空间,放手让他们去"七搞八搞","真刀真枪地搞科学"。

在本节课中,由浅入深的科学探究活动具有重要的价值,通过"做科学"来"学科

学",学生可以把科学知识与观察、推理和思维的技能结合起来,从而可以能动地获得对科学的理解。在科学探究的活动中,在参与解决问题、参与做计划、参与决策、参与小组讨论、参与评价的过程中,学生将所掌握的科学知识同他们从多种渠道获得的科学知识联系起来,并能用这些科学知识解决新的问题。

【活动目标】

一、过程与方法

1. 学会做小孔成像实验盒。
2. 能够用语言和简图解释小孔成像的成因。

二、知识与技能

1. 知道会发光的物体叫做"光源"。
2. 了解光的直线传播现象。

三、情感、态度与价值观

感受到光学世界的神奇与奥妙。

【活动准备】

多媒体课件、手电筒、小孔板、剪刀、细棒、卡片纸、胶带、笔、蜡烛、火柴、纸屏。

【活动过程】

一、导入

1. 利用多媒体课件,演示一些缤纷绚丽的风景图片,让学生观看,引出问题:"猜一猜是谁,让我们的世界如此美丽呢?"
2. 学生围绕这个问题进行分组讨论,谈谈关于光与色彩他们都知道些什么。

二、活动一:认识光源

1. 教师对前面的讨论进行小结后,提出一个问题:光是从哪里来的?让学生自由畅谈:太阳发出来的光、电灯发出来的光、……学生会说出很多答案。为此,教师进一步说明:像太阳、电灯……这样的物体都属于会发光的物体,通常我们把它们称作光源。(在这里,如果有学生说出"月亮发出来的光"这样的答案,教师要给予纠正)
2. 多媒体课件演示教科书第 14 页的四幅插图,让学生分别指出图中的光源是什么物体?并且让学生根据自己的生活经验进行小组交流,找出这四种光源的相同点和不同点,从而认识哪些光源是自然光源和人造光源?哪些光源是热光源和冷光源?
3. 全班交流,对自然光源和人造光源、热光源和冷光源进行小结,可以让学生从生活中再举一些关于各种光源的实例。

活动二:光怎样行进

1. 教师谈话:刚才我们认识了光源,觉得非常有意思。现在,我们要动动脑筋想一想:光源发出来的光是怎样行进的呢?出示课题:光怎样行进。

多媒体课件演示教科书第 15 页的三幅插图,及其他一些能显示"光沿直线传播"的光现象图片,让学生进行观察,来推测一下光沿怎样的路线行进。教师在一旁引导学生注意观察每一条光线的行进路线是怎样的。

2. 在进行推测的基础上,教师提出一个活动要求:怎样使手电筒的光穿过所有纸板上的小孔照到墙上？接着,让学生进行分组活动,做小实验进行验证,尤其是要提醒学生注意观察小孔板排列的规律,由此来发现光是沿直线传播的。

3. 影子游戏。在认识了"光是沿直线传播的"以后,让学生一起来玩个影子游戏,进一步加深对这个知识点的认识。

（1）在卡片纸上画一只鸟,或学生喜欢的其他任何图形;
（2）小心剪下画好的图形,把它用胶带粘到一根细棒的上端;
（3）打开手电筒,光照在白色的墙上,把粘好的图形放在手电筒前,影子就会出现在墙上;
（4）将手电筒移近（或移远）图形,看一看影子发生了什么变化？让学生解释发生变化的原因。在解释的时候,不要求学生的语言十分准确,只要他们用自己的语言,说出大概的原理即可;
（5）让学生利用课余时间,和自己的朋友一起做一场有趣的影子戏。

四、活动三：小孔成像

1. 教师通过讲故事的形式,向学生介绍"小孔成像"。
2. 指导学生把纸屏放在靠窗的一端,蜡烛放在另一端,中间放置扎有小孔的纸板;
3. 将蜡烛点燃后,指导学生前后移动纸屏,使在纸屏上可以看到清晰的火焰图像。这时,让学生仔细观察这个图像,会发现透过小孔所成的图像不仅上下颠倒,而且左右也是相反的;
4. 让学生试着解释小孔成像的原理,这是有难度的,所以要给学生充分的时间进行思考和讨论。由于课堂时间不够,教师可以安排学生课后继续探究,下节课再交流。

五、结束语

在这节课上,我们一起看到了光带给我们的五彩斑斓的世界,了解了什么是光源,还知道了光是沿直线行进的。对于光,还想了解什么呢？（让学生提出自己的问题）那么,让我们在下节课继续探究光的"秘密"吧！

【活动评述】

本课是《光与色彩》单元的起始课,而且我始终认为科学是来源于生活的,因此,我采用了贴近生活、创设情境的方法,让学生对这神奇而美丽的光学世界产生浓厚的兴趣,这对本单元的学习是非常有帮助的。从教科书来看,本课的教学内容主要包含了两个主题概念：一是光源,二是光的直线传播。我的活动设计就是围绕着这两个主题而展开的。

例如,第一个主题概念是光源。光源对于学生来说其实并不陌生,生活中处处可见,只是学生在脑海里还没有将生活中的发光物体抽象为光源。因此,在这里,我的设计方法是从生活中搜集素材,制作成多媒体课件,让学生进行观察、讨论和交流,从而使学生对光源及光源的分类有一定的认识,同时还能辨别出真假光源。

在认识了光源的基础上,我领着学生进入第二个主题概念的探究。这个主题（即光的直线传播）是本课探究的重点,也具有一定的难度。针对这个特点,我的设计思路是让学生的学习由浅入深的进行：先从生活中找出具有光传播特点的图片,让学生进行观察和推测,对"光沿直线传播"建立一个初步的印象;然后,学生分组合作,完成一个简单而有趣的实验(即如何使手电筒的光穿过所有纸板上的小孔照到墙上),进一步对光沿直线传播这条规律进行验证;接着,我设计了一个有趣的游戏——影子游戏,通过游戏达到寓教于乐的目的,让学生学得更加生动有趣,同时对光的直线传播有了进一步的认识;最后,我指导学生完成小孔成像的活动。这个活动非常有趣,可以让学生看到非常神奇的现象,引起他们想进一步探究下去的兴趣,使他们可以更深一层的了解光的直线传播。但是,小孔成像这个活动本身操作起来具有一定的难度,需要老师的引导,而且解释它的原理对于学生来说就更难了。因此,我在这个活动中给予了学生充分的时间进行思考和讨论,不过,最后仍然没有得到理想的解释,所以我让学生课后继续探究,下节课再交流。

  科学活动的开放性在这节课上得到了充分的体现。教学活动是为学生而组织的,在活动中是学生在学习,学生是活动的主体,是一个主动参与者。没有学生的主体意识和主体参与,就谈不上学生的真正发展。因此,在这节课上,基本上每一个活动都由学生自己进行探究,了解其中的原理,学习新的科学知识,以达到学生自主学习的目的。

  在本节课的最后,我提出了一个问题:对于光,你还想了解什么呢?以此作为教学活动的结束,使本单元《光与色彩》的学习得以延续。

(深圳市珠光小学 姚 莉)

照 镜 子

【教学内容】
　　苏教版《科学》五年级上册第二单元第二课。

【设计理念】
　　镜子是学生非常熟悉的日常用品。本课教学的主要思路是带领同学们在玩镜子游戏、制作万花筒和潜望镜的游戏过程中,引导学生认识和探究光的反射现象。在活动设计方面,教师首先通过"故事导入",来激发学生的学习兴趣和好奇心;之后,采取了由浅入深、层层深入的活动过程,让学生在实践活动中去体验、去学习,力求使学生在尽情"玩"的过程中有所感悟、有所发现,并使学生的动手能力和探究能力随之得到培养,同时学生在带着问题去进行实践活动的过程,有利于学生的自主思考能力和课题兴趣的进一步延伸,有助于学生探究能力的培养;最后,教师再结合同学们的活动情况加以总结,进一步讲解有关万花筒和潜望镜的基本原理,使学生把难以理解的光学知识变为生动、有趣的探索过程,以主动积极的探究方式来学习间接知识,把间接知识的学习纳入到多样化的探究过程之中。

【活动目标】

　　一、过程与方法

　　1. 能够用文字、图画或语言对镜子成像原理做出合理的解释。
　　2. 学会制作万花筒和潜望镜,并能够在玩耍中发现问题。

　　二、知识与技能

　　1. 了解光照射到平面镜或任何物体时,都会改变传播路线。
　　2. 懂得万花筒和潜望镜的工作原理。

　　三、情感、态度与价值观

　　1. 感受光学世界的无限奥妙。
　　2. 体验到人类对光学规律的认识与利用会为我们带来许多方便。

【活动准备】
　　三块宽5厘米、长8厘米的平面镜,一块直径为12厘米的圆形透明塑料薄膜,一条橡皮筋,双面胶,一些彩色碎纸屑,一个大号的牙膏盒。

【活动过程】

一、故事导入（投影画面、配音）

　　古时候，罗马人侵略叙拉古，发现对方士兵们手里拿着的不是长矛、大刀，却是一面面镜子。罗马人感到很奇怪。然而，就在船要靠近西西里岛时，一道光柱从岸边射来，他们的船顿时烈焰升腾，罗马人成了太阳能"死光"最早的牺牲品。几个世纪以来，学者们对古代伟大的科学家阿基米德如何在公元前212年利用聚集的太阳能摧毁罗马舰队，始终争论不休。有历史学家说，当时的人并不了解光学和镜子的知识，这只是一个传说。但是，不久前的一份研究表明，某些古代文明（包括阿基米德生活时期的文明在内），已经有了相当发达的光学知识，他们可以制造出望远镜，而且已经掌握了"燃烧镜"的使用。1973年，希腊科学家伊奥安尼斯·萨卡斯，决定来检验是否能用"燃烧镜"点燃一只船，他让60个水手排队站在码头上，每人拿一面大镜子，照射到150英尺开外的一只小船上，不到3分钟，船就着火了。

二、游戏活动

　　师：同学们，上节课我们研究了光的传播形式，知道了光是以直线形式传播的。今天我们一起来探究（光——船——火）之间到底存在着什么关系，包含着哪些科学道理。

　　师：平时当我们照镜子时，会在镜子里看到自己的像。但是到漆黑的晚上，我们同样照镜子时，为什么看不到自己的样子？

　　生：那是因为没有光。

　　师：如果现在让你拿一本书或一个本子当镜子，你能看到自己吗？试试看。

　　生：我用一个本子当镜子，看不到自己的像。

　　生：我是用这本书看的，能看到一些，但是不清晰。

　　师：为什么？

　　生：我想可能是阳光照射到书上或其他一些物品上光的反射不够强。

　　师：对，光线照射到任何物体上，都会改变它的传播方向，反射到别的物体上去，只是反射的强度不同。现在就让我们大家一起来玩镜子的游戏。

　　生：好！（学生显得很兴奋）

　　师：现在同学们每人拿一面镜子来照一照，看看哪些同学能在玩耍中发新问题。

　　生：我发现镜子里的校徽与实际的正好相反。

　　生：我发现了，当我从镜子里看到我的同桌或后面的同学时，对方也一定能看到我，我不明白这是什么道理？

　　师：在刚才的游戏中，同学们又发现了许多新问题，这说明大家的观察能力、思考能力提高了。现在我们一起来做两样玩具：万花筒和潜望镜。现在同学们以四人为一小组，两人组合，分别制作其中的一种。比比看哪个小组同学最善于合作，做的既快又好。

三、制作探究

　　学生在制作万花筒、潜望镜的过程中，由于教师给学生事先准备了有结构的材料和制作说明图，学生在共同合作努力和老师的点拨下，比较顺利地完成了制作任务。这时老师就可以让学生多玩一会儿，并在玩的过程中讨论、探究其中包含的科学道理。

通过玩耍、制作、探究、交流的课堂教学,学生基本能讲出万花筒图案的变化是由于光的多次反射造成的。为了使学生更清楚的了解万花筒和潜望镜的工作原理,教师在总结本课活动的同时,应进一步强调万花筒和潜望镜的有关原理及其规律。第一,万花筒的工作原理是多次反射。来自灯的光线照到了那些很小的彩色纸屑并反射到镜子上,当我们摇动万花筒时,那些彩色的纸屑移动,随说的反射也改变了,从而改变了图案,使图案变化无穷,非常漂亮。第二,潜望镜能够使我们看到障碍物以外的情景,这主要是利用了光线直线传播和平面镜反射的规律,即入射角等于反射角的规律。从物体上射来的光线在相互成为 45℃ 的两面镜子上的两次反射,使我们看到了障碍物以外的情景。关于角度的问题比较复杂,不要求学生理解。第三,太阳能"死光"的原理是平面镜的反射和聚光的作用。

【活动评述】

　　密切联系生活的实际,把学生生活中的科学现象,以玩耍、游戏、制作等活动形式与深奥的光学知识结合起来,让学生在充满乐趣的实践活动中去体验、去感悟、去发现、去学习,使学生的动手能力、探究能力得到锻炼和提高,同时也使学生在与同学一起玩耍、制作的过程中,进一步增强同学之间交流、参与与合作的精神。而教师结合同学们的活动情况,进一步讲解有关万花筒和潜望镜的工作原理,把学生平时生活中对光学知识的一些零散、不完整的认识,加以整合,使学生体会到科学就在我们身边,科学与我们的生活密切相关,并能够准确地掌握一定的科学道理,为今后进一步学习科学、运用科学,打下良好的基础。

【资料链接】

有关网站网址:http://www.kepu.com.cn/gb/index.html

(深圳南山区向南小学　李　英)

玩放大镜

【教学内容】
苏教版《科学》五年级上册第二单元第三课。

【设计理念】
教材是教师进行教学的一种资源、一种凭借。在对教材进行深入研究的基础上,教师对教学设计做了重新调整,把教材内容中引导式探究上升到自主或探究水平。

面向全体学生,让学生在"玩中学"。根据学生对放大镜的了解以及学生的现实探究水平,提供足够的机会,让学生积极参与活动,正确启迪学生的思维,让学生成为知识的主动构建者。

本课设计包括如下环节:

从身边常见事物引入——认识放大镜——自主玩放大镜——展示汇报小结——了解放大镜的用途——反思与拓展。

【活动目标】

一、过程与方法

1. 能够做放大镜放大、成像实验。
2. 尝试制作望远镜。

二、知识与技能

1. 知道凸透镜片中间厚、边缘薄的特点。
2. 了解凸透镜的应用。
3. 初步了解望远镜的构造。

三、情感、态度与价值观

体验科技发展提高生活水平,使生活多姿多彩。

【活动准备】
放大镜(也即凸透镜)、凹透镜、试管、自来水、试管架、表格、课件。

【活动过程】

一、由生活中放大现象导入

1. 高举试管,提示学生:透过装水和没装水的两支试管来观察手。

学生有条不紊的从试管架中取出试管观察。等学生观察后,提醒学生把试管小心放回试管架,并提问:"大家有什么发现,能描述一下吗?"

(学生发现：透过装水的试管看到手掌纹路放大了，而透过空试管则没什么变化)

2. 教师紧扣学生回答话语中"放大"一词，谈话：同学们，还知道哪些东西也有放大功能吗？(学生列举：水滴、透明圆柱水壶等，大部分学生想到的是：放大镜)

3. 出示放大镜，谈话：今天，老师和大家一起来玩放大镜。(板书：玩放大镜)

二、认识放大镜的镜片

提示学生从抽屉里拿出放大镜，谈话：我们首先了解放大镜镜片的特点。

1. 演示与实验：用两只手指夹着镜片中央，顺着从中央到边缘，谈谈自己的感觉。

2. 认识凸透镜，讲解：像这种中间厚、边缘薄的镜片，我们称为凸透镜。(板书：凸透镜镜片——中间厚，边缘薄)

3. 认识其他类型的凸透镜。利用课件展示其他类型的凸透镜：双凸透镜、平凸镜、凹凸透镜等。

三、学生自主玩放大镜

过渡："我看到有些同学挡不住放大镜的诱惑，现在老师和大家一起玩放大镜。为了展示谁能玩得更好、玩法更多，就该做必要的记录。"

1. 利用课件展示表格，教师示范用简洁的语言填写栏目："你是怎么玩的？""你看到了什么？"。

(教师示范填写表格，看似简单的一环，但效果明显，为接下来学生填写表格起到了很好的示范作用。)

2. 每人一个放大镜，学生开始自主玩放大镜，教师融入学生中。

教师在学生各小组间走动，所做工作至少包括：(1)对有需要的同学进行适当指导；(2)提示学生注意周围小组是怎么玩的，仿效、交流不同的玩法；(3)提醒学生要做好必要记录，并作好汇报准备；(4)对学生的新鲜玩法，也不妨亲自试试。

情境描述：有的学生拿着放大镜看看手掌、看看桌面等；有的拿着放大镜离眼睛由远及近，观察所看到景物的变化；有的拿着放大镜当一个陀螺在转；有的无意中发现桌面上有头顶上日光灯缩小的像；有的请示教师，是否可以到户外去进行聚光实验；在教师的提示下，部分小组的学生开始拿表格当作屏幕，放大镜对着窗户，窗外景色在表格上成了倒立、缩小的像，渐渐地全班小姐也参与此项活动……

(在轻松、自由的氛围中，给学生充分的探究时间，学生更能发挥自己的主动性，发现、体验了更多新鲜的玩法与现象。)

3. 在学生玩放大镜约15分钟后，要求学生停下来，进入展示汇报小结的环节。

谈话：下面我们来交流各自的玩法与发现。因为我们同学玩的方法可能有相同的，所以小组汇报时候，其他小组都要用心倾听，等到自己小组汇报时就尽量不重复交流过的玩法，这既是对同学的尊重，又是学习知识的重要方法，同时还能节省些时间。让我们共同来分享玩的快乐吧！

4. 学生汇报过程中，教师同步小结：放大镜除了具放大作用以外，还有成像、聚光的作用，对着窗户在白纸上成的像是倒立的、缩小的。关于聚光，没有实验过的同学可以在下课后找老师要放大镜实验。(板书：作用：放大、成像、聚光)

四、凸透镜在生活中的应用

1. 询问：你们知道哪些地方用到了凸透镜？

（学生回答：投影机、望远镜、显微镜、相机等，教师展示课件中相关的实物图片。）

2. 分发凹透镜，演示与实验：透过凸透镜和凹透镜组，观察远处的物体。

学生通过自己摆放凸透镜和凹透镜前后位置，移动它们之间的距离，观察远处物体，会发现：当凸透镜在前，凹透镜在后，两者位置适当的时候，能清晰看到远处景色。

（这是个有趣的应用与拓展活动，孩子们发现凹透镜与凸透镜组合能把远方的景物拉近，而且形成的是正立的像，学生玩中就发现望远镜的原理）

五、反思与拓展

1. 谈话：

（1）大家觉得这节课好玩吗？你们有什么收获？

（2）如果下次仍然给你们放大镜，你们还有什么新鲜玩法吗？

2. 课后拓展：自己动手制作一块凸透镜。

【活动评述】

玩是孩子们最乐于参加、最感兴趣的活动。《玩放大镜》教学给予充分的时间及自由度，学生爱玩的天性展现无遗，课堂气氛活跃。教学在"发散"玩的基础上"集中"获得了放大镜的相关知识，真正体现了玩中学、学中玩的融合。

在教材的处理方面：教师根据学生对放大镜的了解以及现有探究水平，对教学活动过程设计做了重新调整，从教材内容中引导式探究上升到自主式探究水平。

在教学的导入方面：导入贴近生活常见现象、常用材料。透过装水和没装水的试管看物体所发现的不同现象，唤醒学生脑海中对放大镜具有放大功能的回忆，从而顺利过渡到放大镜的研究上来。整个导入过程所需时间不多，但足以让学生获得"科学就在我们身边"的感受，同时为接下来的教学埋下铺垫，激起学生对放大镜的"重新"关注，引发学生脑海中的层层疑问："放大镜还有别的新奇玩法与作用吗？"，以此来增加学生思维集中趋力。

【资料链接】

望远镜可以分为三大类：（1）折射望远镜：用透镜作物镜的望远镜。分为两种类型：由凹透镜作目镜的称为伽利略望远镜；由凸透镜作目镜的称为开普勒望远镜。因单透镜物镜在应用上存在不足之处，现代的折射望远镜常用两块或两块以上的透镜组作物镜。（2）反射望远镜：用凹面反射镜作物镜的望远镜。（3）折反射望远镜：由折射元件和反射元件组合而成的望远镜。

（深圳市蛇口育才教育集团育才一小　巫汉威）

在天空"做"彩虹

【教学内容】
　　苏教版《科学》五年级上册第二单元第四课。
【设计理念】
　　小学生都见过天空中的彩虹,但要自己在天空做一条彩虹,学生都非常兴奋,但认为是不可思议的一件事。其实在天空做一条彩虹是非常容易的。凡事不要怕难,只要勇敢地去试一试,去动手做一做,成功就会在我们眼前。我们就是想通过设计学生动手做出一条彩虹,让学生了解彩虹这一自然现象形成的原因,并深入研究彩虹与光的关系,从而了解光的色散原理,激发学生探究事物的兴趣。
【活动目标】
　　通过活动,让学生明白日光是由各种颜色光混合而成的。通过制作彩虹和三棱镜的折射光实验,让学生懂得光的色散和合成原理,让学生在实验中体验成功的喜悦,培养学生动手动脑探究事物本质的科学态度与情感。
【活动准备】
　　首先要求学生自带学具材料袋、剪刀、彩色笔。教师则事先到学校操场接好一根自来水管,先测试一下水管的水量大小,向天空喷水,看是否能形成彩虹,然后观察一下彩虹形成的位置,以及它离我们的距离。由于这节课不能缺少阳光,所以活动具有一定的局限性,只能选择在晴天有阳光的时候才能进行这一活动。
【活动过程】
　　彩虹是学生非常熟悉的,人人都见过,但能否自己亲自来做一条彩虹,这一点学生倒是没想过。如何引导学生开展有关彩虹这一教学内容的探究活动,学生对彩虹有一定的经验,我们可以从看到彩虹时的天气状况、位置等方面,逐步引导学生模拟大自然的气象状况,在天空"做"彩虹。通过亲自实验做出彩虹,然后来分析研究其原因,最后再通过三棱镜、转螺陀等实验活动验证,让学生充分徜徉在智慧的海洋之中,享受成功的喜悦。

一、谈彩虹,唤醒学生已有的知识经验

　　首先问学生,你们见过彩虹吗?几乎所有学生都见过,然后逐步深入下去。"你们在什么时间,什么地方见过?"这时学生开始纷纷回忆当时见过彩虹的场景,大部分学生都能说出在"雨过天晴时"见过彩虹。"请你回忆一下,你看到彩虹时,你站在什么位置,是朝太阳方向还是背太阳方向?"这时学生的记忆比较模糊,有一部分说是朝太阳方向,

有一部分说是背太阳方向,甚至还发生争执。"好,这个问题暂且搁置一下。""老师还要问你们:你看到的彩虹是什么颜色的?"学生有一定的知识经验,知道是"五颜六色",甚至还知道有"红、橙、黄、绿、蓝、青、紫"等七种颜色,然后教师引导学生,要求他们把平时看到的彩虹画出来。

由于平时看到的彩虹不是很仔细,也没有留意去观察,所以在学生脑海里形成的表象是模糊的,学生画的彩虹各种各样,主要是颜色顺序弄不明白,有的甚至把颜色顺序倒过来了。画完之后,问学生:"想不想现在就看到彩虹?"学生们非常兴奋,顺势引导学生,"你们刚才谈到看到彩虹时的天气状况,现在是大晴天,能看到彩虹吗?"请各组讨论一下,要形成彩虹,需要哪些条件?

各组讨论后,请一组同学站起来回答。学生通过前面的引导,能说出形成彩虹需要阳光、雨水等。教师要提醒学生在制作彩虹时,请他站在不同位置看,看看他有什么发现?并仔细观察彩虹的颜色与他画的是不是一模一样。

二、做彩虹,让学生尝试成功的喜悦

做彩虹,必须有阳光,而且阳光要斜射,即早上9:00—11:00,下午3:00—5:00比较适宜,在斜射的阳光下,能在不远的天空形成彩虹,若是中午直射阳光,则不能形成彩虹,或者彩虹的影像在地面上,所以这节课必须选择在有阳光的晴天进行。让学生走出教室来到操场边,由于在课内学生对彩虹的形成有了一定的了解,所以学生会很快明白用自来水管向天空上喷水,当喷到一定程度,即天空上的小水滴到达一定量时,天空上即出现彩虹。学生在做彩虹时很兴奋,当停止向空中喷水,彩虹马上消失,即喷即有,停喷即失。学生互相都来试试,其余学生则在不同位置观察。学生看到的彩虹总是比较模糊的,于是有学生提出"怎样才能形成清晰的彩虹?",这时学生在思考,可能与喷水量、阳光强度等因素有关吧,同时他们在积极探索有关的彩虹的形成原因,"彩虹的形成肯定与水滴有关"。这时学生七嘴八舌,纷纷议论与交流。

三、室内做彩虹,明白光的色散原理

空中学生已成功制作了一条彩虹,这时,学生自己产生了疑问:"为什么朝天空喷水就会出现一条彩虹,是什么原因呢?"可能有的学生从其他书本上学习过,明白这是怎么回事,但大多数学生不清楚。我们这时可以用工具箱里配备的三棱镜,将室外阳光折射在课室内的墙壁上形成一条"彩虹"即彩色光带,非常清晰,让学生仔细观察由哪些颜色组成。这时,学生就会明白,日光是由七种颜色的光组成的,因此日光可以通过三棱镜分为七色光带。那再让学生想想彩虹是怎么回事,学生马上会想到,天空上的小水滴相当于"三棱镜"具有折射光的作用。

"把光分散形成七色光带,同学们你们能用什么好办法把分散的这七种色带又合起来成一种吗?"学生马上想到放大镜的聚焦作用。然后让学生预测一下,聚合七色光带又会是什么样子?学生的答案是多样的。实验结果,把七色光带用放大镜聚合后又是白光。也就是说把日光分解七色光带又聚合成白光。这一过程使学生彻底明白了日光是由七种颜色光混合而成的,也彻底明白了"彩虹"是怎么回事。

四、转七色陀螺,巩固并拓展学生的思维

由于学生已经明白把七色光带聚合将变为白光,所以转陀螺这一部分内容只是拓

展学生思维,让学生自主自由去探究。先将一个七色陀螺转动起来,在转之前,让学生猜猜转动后是什么颜色,然后各组开始实验进行验证,想想是什么原因呢?通过这样活动,进一步加深日光是七色光的理解。最后,让各组涂上不同的颜色进行搭配,猜猜转动后会是什么颜色,把预测的结果和实验结果比较,看看有什么不同,分析其原因。在转陀螺涂不同颜色时,颜色搭配多种多样,颜色的顺序、颜色大小、颜色深浅不同,都会影响结果,可以让学生自由去玩,自己去思考,留下一些疑问让学生课后去探索。

【活动评述】

彩虹是生活中常见的一种自然现象,学生亲自经历过、体验过。但虽然看见过,却没有仔细观察过,也没有亲自去做过,这节课就是让学生在天空"做"彩虹,引发学生的思维,在做的过程中学生产生许多疑问,有许多思考,通过对光的色散又聚合,学生对七色光的认识将是非常深刻的。通过对彩虹这一自然现象的制作、观察、分析,学生掌握了一定的科学方法,在今后遇到类似的自然现象就会留意观察并分析其原因,这正是我们所期盼的。在天空"做"彩虹,好像这是比较难的一件事,其实只要肯动手,这是非常容易的,你不妨也试试。

(深圳市南山区珠光小学　李宽民)

七 色 光

【教学内容】
    苏教版《科学》五年级上册第二单元第四课。
【设计理念】
    面向全体学生,提供让学生亲历探究过程的公平机会,打破教学局限在教室的常规,引领学生到室外,体现"大课堂"观。利用简单、常见材料,从内容选择、组织形式和呈现方式等多方面,创设富有趣味性的实验,呵护学生对科学探究的兴趣。
    本课设计包括如下环节:
    由一句古诗引入研究对象——介绍牛顿发现太阳光秘密的科学历程——学生实验太阳光的分解与合成——小结与反思。
【活动目标】
    一、过程与方法
    1. 学会做阳光的色散与合成实验。
    2. 能够对所观察的现象作出合理的解释。
    二、知识与技能
    1. 知道光是有颜色的。
    2. 了解阳光的色散与合成现象。
    三、情感、态度与价值观
    1. 体会到进行科学探索的趣味。
    2. 感受光学世界的无限奥妙,欣赏大自然的缤纷色彩。
【活动准备】
    水槽、水、平面镜、剪刀、七色陀螺、三棱镜。
【活动过程】
    一、导入与交流
    1. 教师朗读"谁持彩练当空舞,赤橙黄绿青蓝紫",请学生猜猜所描述的是什么?学生众口回答是:彩虹。(板书:七色光——彩虹)
    2. 提问:你见过彩虹吗?在哪里见过?你能把你看到的彩虹描述给其他同学听听吗?
    学生描述:我曾经在瀑布前看到的,我在下雨后见过,我站在家里阳台上看到的,……彩虹是弧形的,挂在半空中,有七种颜色:红橙黄绿蓝靛紫,四种颜色比较清晰,颜

色排列是有规律的,……(板书:红橙黄绿蓝靛紫)

（从学生回答的情况看来,学生对彩虹认识较深,同时也有大部分同学对彩虹有直接的、亲眼所见的感官印象,这些都是学生已有知识的基础起点,为接下来的教学进行了良好的铺垫）

3. 情境创设,引导学生提出问题:当你第一眼看到美丽彩虹的时候,你脑海中首先产生的疑问是什么?

学生提出各式各样自己脑中的疑问:为什么总在雨后才能见到彩虹?为什么彩虹就只有七种颜色?自己能造出彩虹吗?为什么我们看到的彩虹都是弧形的?……

4. 教师对学生的疑问进行必要的汇总,选择合适的探究题目。

(1) 彩虹的七色是哪里来的?

(2) 人造彩虹实验。

二、介绍牛顿发现:太阳光是七色光合成的

学生仔细阅读教材相关内容,教师简要讲解:1666年,英国科学家牛顿在实验室把阳光透过三棱镜折射到白屏上,发现阳光分解成七种颜色。当时,许多科学家都不肯相信他的发现,并指责牛顿,但牛顿多次在公众场合下实现太阳光的分解和合成,从而让其他人信服。

（通过对学生讲述牛顿的发现以及做法,让学生感悟到坚持真理需要勇气,同时,也意识到科学真理是经得起重复实验和推敲的）

三、学生亲自动手实验:太阳光的分解与合成

过渡:伟大科学家牛顿能多次实现太阳光的分解与合成,那么同学们想不想也做回"小牛顿"呢?好,我们来玩下面的活动。

活动一 七色陀螺玩转转

利用学生耗材包中的七色转盘制成七色陀螺,学生玩转陀螺,观察现象。（板书:七色陀螺玩转转）

注意事项:

(1) 制作七色陀螺,使用剪刀要注意安全!

(2) 边玩边观察,描述你自己所看到的现象。

（由于学生在学习三年级科学时就有玩陀螺的技能与经验,因此在此过程中教师与学生一起玩转陀螺,不需要过多的指导,但必须提醒学生注意安全!）

学生惊奇地发现:原本有七色的陀螺转盘,在转的过程中,变成很淡的黄色,并且转的越快颜色越淡。

教师小结:这种现象就是七色光合成无色太阳光实验。

活动二 人造彩虹实验

学生可以自主选择两套材料:水槽、水、平面镜和三棱镜,在教室外面完成人造彩

虹的实验。

教师做的工作：
（1）在实验之前边演示边讲述操作方法；
（2）使学生养成良好习惯，把现象记录在教材《活动记录》上；
（3）在实验操作过程中，对有困难的学生进行指导。

材料一：水槽、水和平面镜。
（1）两位同学合作完成；
（2）将平面镜迎着阳光斜放在浅水槽中，然后一同学当作白色屏幕（不挡住阳光），另一同学调整水槽、平面镜的位置，直到同学身上出现七彩色。

材料二：三棱镜。
（1）一位同学自己可以完成；
（2）将三棱镜的一个面对准太阳光，让光线射入，然后调整角度，把入射的阳光分散彩色带投影到阴暗处，这样看起来更鲜艳、清楚。

学生在教室外实验，教师加入学生小团体中，对完成实验仍然有困难的小组进行必要指导，同时告诉学生可以跟其他小组交换实验材料，体验不同方法完成实验带来的快乐。

教师控制时间，在离下课还有约五分钟时候，要求学生回到教室，选择几个小组学生汇报实验记录。

四、小结与反思

谈话：
（1）大家觉得这节课好玩吗？你们有什么收获？
（2）你们还知道其他使太阳光分解和合成的实验方法吗？

【活动评述】

科学课程内容与设计应贴近学生实际生活，向学生展示一个真实而丰富的生活世界。《七色光》看似"无形的"、不可触摸的，利用生活中常见材料，像科学家一样经历科学实验，将内容上升到"有形的"、操作性强的高度，以满足学生的个体发展，呵护学生的探究兴趣，激发学生的探究热情。

【资料链接】

夏天雷雨或阵雨过后，天空常常出现一条非常美丽的弧形彩带，从它的外层向里，整齐地排列着红、橙、黄、绿、蓝、靛、紫七种颜色，这就是彩虹。

刚刚下完雨时，空气中悬浮着许多小水珠，在太阳光的照射下，就产生折射和内反射，而太阳的可见光——红、橙、黄、绿、蓝、靛、紫七色的波长都不一样，当它们照射到空中这些小水珠上时，各色光被小水珠折射的情况也不同，因此就分解成七色光而形成彩虹。正因为这样，彩虹产生的方位总是和太阳的位置是相对的，早晨出现在西方，午后出现在东方。彩虹的色彩与水珠颗粒大小密切相关，水珠大，彩虹就清晰鲜明；水珠小，彩虹就不那么鲜艳了。

（深圳市蛇口教育集团育才第一小学　巫汉威）

照相机和眼睛

【教学内容】
　　苏教版《科学》五年级上册第二单元第五节。
【设计理念】
　　上这节课前让学生搜集有关照相机和眼睛的资料，目的让学生对它们有初步的了解，然后进行本节课的学习。本节课在电脑室进行，一部分内容进行实验，一部分内容进行网上探究，借助实验的真实性和网络资源丰富（图文并茂）的特点，让学生学得更广、更主动。
【活动目标】
　　1. 了解照相机的工作原理。
　　2. 会画照相机的成像示意图。
　　3. 了解眼睛的结构和工作原理。
　　4. 会画眼睛的成像示意图。
　　5. 会制作眼球模型。
　　6. 了解一些眼睛的疾病和保护眼睛的方法。
【活动准备】
　　照相机、放大镜、纸屏、蜡烛、剪刀，学生用耗材，可上网的电脑。
【活动过程】
　　1. 创设情境（猜谜语）：
　　（1）师：一间小黑房，不易开门窗，窗儿开一开，见人请进房。
　　让学生猜。（谜底：照相机）
　　（2）师：上有毛，下有毛，之间一个黑葡萄。让学生猜。（谜底：眼睛）
　　我们今天学习的对象就是"照相机和眼睛"。（板书：照相机和眼睛）
　　2. 探索点（1）：出示照相机，它有哪些基本的结构？
　　师：你们可以在自己准备的书籍中找资料，可以看书，可以上网搜索，可以讨论等等。
　　探索后，让学生回答。
　　3. 探索点（2）：照相机的工作原理是怎样的？
　　教师做一个演示实验：烛光透过凸透镜投影到纸屏上。
　　师：你们还可类比这个实验的原理，思考照相机的工作原理是怎样的，思考后集体交流。
　　4. 探索点（3）：画出照相机的成像示意图。

师：独立研究，把示意图画在书本第74页相应位置。画后，随机请几个学生上台展示及讲解。

5. 探索点(4)：同组的同学互视眼睛，看看眼睛表面有哪些基本结构组成？里面呢？先自由研究，后集体讨论。

6. 探索点(5)：眼睛是如何看到东西的？

以比赛的形式进行，看谁又快又好。

7. 探索点(6)：画出眼睛成像示意图。

师：独立研究，把示意图画在书本第74页相应位置后，同样随机抽一两个学生上台展示及讲解。

8. 探索点(7)：眼睛容易患哪些疾病？我们应该怎样保护自己的眼睛？

师：通过网络来搜索，把资料放在教师设定的共享文件夹中，然后大家认真阅读，了解眼睛有哪些疾病以及看看自己生活中有哪些不良的习惯是对眼睛不利的，从而真正做到保护眼睛。

9. 布置作业：让学生制作一个眼球模型。

【活动评述】

这节课紧紧围绕以学生为中心的自主学习为主线，教师起辅助作用。本节课有实验、有讨论、有网上搜索，这样的学习方式，使学生真正自主学习，对以后自主解决问题起了借鉴和推动作用，提高了学生自己提出问题、自己解决问题的能力。

【资料链接】

1. 照相机的基本组成部分。

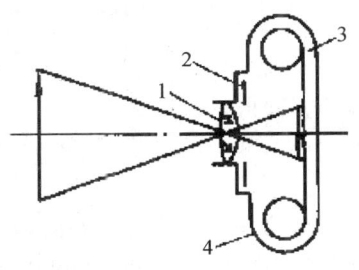

照相机的基本结构示意图
1—镜头；2—块门；3—胶片；4—相体

2. 照相机的工作原理。

将适量的光线透过凸透镜聚焦在胶片上形成图像。调整光圈（光线通过的孔）和曝光的时间，就能控制透过凸透镜光线的量。

3. 眼睛的表面及内部。

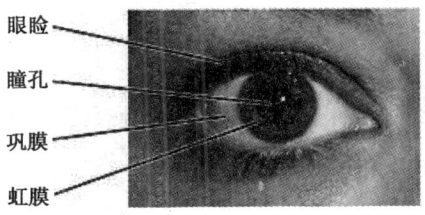

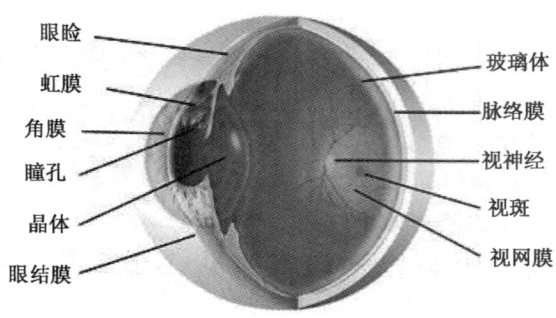

4. 眼睛成像原理

5. **课件**：眼睛的结构与视觉的形成。网址：
http://www.pep.com.cn/200306/ca243597.htm

6. 眼睛的结构功能。

眼睛看东西的功能,医学上称作视觉,包括三方面:视力、色觉和立体觉,其中最主要的是视力。视力由中心视力和周边视力组成,周边视力又称视野,即看到的空间范围。中心视力即视锐敏度,通常称为视力,它又有远视力和近视力之分,远视力是指5米远距离的视力,近视力是放在眼前一尺处检查的视力。白内障病人的中心视力会明显减弱,青光眼病人的周边视力会缺损,称为视野缺损。

7. **常见眼病**：视疲劳、红眼病、角膜炎、青光眼、飞蚊症、夜盲症、白内障、近视、远视、散光、斜视、沙眼、干眼症等。

8. 如何保护眼睛：

(1) 光线须充足：光线要充足舒适,光线太弱而因字体看不清就会越看越近。

(2) 反光要避免：书桌边应有灯光装置,其目的在于减少反光以降低对眼睛的伤害。

(3) 阅读时间勿太长：无论做功课或看电视,时间不可太长,以每30分钟休息片刻为佳。

（4）坐姿要端正：不可弯腰驼背，靠近或趴着做功课易造成睫状肌紧张过度，进而造成近视。

（5）看书距离应适中：书与眼睛之间的距离应以 30 公分为准，且桌椅的高度也应与体格相配合，不可勉强将就。

（6）看电视距离勿太近：看电视时应保持与电视画面对角线 6～8 倍距离，每 30 分钟必须休息片刻。

（7）睡眠不可太少，作息有规律：睡眠不足身体容易疲劳，易造成假性近视。

（8）多做户外运动：经常眺望远处放松眼肌，防止近视，面向大自然多接触青山绿野，有益于眼睛的健康。

（9）营养摄取应该均衡：不可偏食，应特别注意维生素 B 类（如胚芽米、麦片酵母等）的摄取。

（10）定期做视力检查：凡视力不正常者应至合格眼镜公司或眼科医师处做进一步的检查。

（深圳市向南小学　凌海辉）

盘山公路的启示

【教学内容】
苏教版五年级下册第三单元第四课。

【设计理念】
斜面是生活中最常见的一种简单机械,学生可能通过日常生活的经验对斜面有所了解,但他们还没有通过比较系统、比较完整的探究过程来了解认识斜面的特点。通过本节课的学习,让学生通过亲身经历,探索斜面的特点,了解在已经应用了几千年的斜面中所蕴涵的科学道理,体验成功的乐趣。

【活动目标】

一、过程与方法

1. 能够通过观察,描述斜面构造上的要素。
2. 能够就斜面要素与用力大小的关系提出疑问。
3. 能够通过实验验证斜面省力的原理。

二、知识与技能

1. 知道斜面是简单机械之一,它的结构特征及组成。
2. 知道斜面及形变的功能和作用。
3. 了解斜面在生产生活中的应用。

三、情感、态度和价值观

关注身边的简单机械的应用,体会机械对人类的作用。

【活动准备】
三种不同长度的木板、弹簧秤、书、螺丝钉、钉子、木块、放大镜。

【活动过程】

一、观察斜面、分析斜面要素

1. 出示各种盘山公路、桥梁的引桥、立交桥、楼梯的图片,学生观察分析:
（1）这些事物都有什么共同的特点?
学生回答:它们都是弯曲的;它们都是斜的;都可以往上走或往下走;……
（2）你们能不能利用桌面的材料组合模型来说明一下呢?
学生组合模型。
举例:沿着斜坡把重物推上车、用车把病人沿着斜坡推上高处、……

(3)如果这也是一种简单机械,那它究竟有什么好处呢?

学生利用模型回答。

做适当的引导:都将物体提升一个高度;都具有一个倾斜面;当我们沿着倾斜面提升物体时,会感到省力。

了解:盘山公路、桥梁引桥、立交桥,都有很长的斜坡。斜坡是一种斜面,斜面也是一种简单机械。

2. 分析斜面要素。

引导:同学们都能很容易组合出一个斜面,那么你们想一想斜面究竟由哪几部分组成呢?

学生回答,画图。

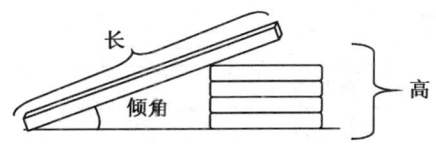

找出关键:"倾角"、"斜面长"、"斜面高"。

引导学生找出影响倾斜度的两个主要因素:斜面的长、斜面的高。

选择这两个主要因素作为实验研究的对象,分别讨论哪个是控制变量,哪个是自变量。

二、研究斜面,发现斜面要素对力的影响

1. 研究斜面高度对提升力的影响。

实验方案(一)

实验题目:研究斜面高度对拉力的影响

预测:在相同长度的斜面上,斜面高度越小,提升物体的拉力越小。

实验过程:1. 将小车挂在弹簧上,竖直提起至一定高度,记录弹簧秤读数。

    2. 将木板斜搭在某一高度支架上,用弹簧秤将小车匀速拉至斜面顶部,记录弹簧秤读数。

    3. 提高斜面高度,再用弹簧秤将小车匀速拉到斜面顶部,记录弹簧秤读数。

    4. 再提高斜面高度,再用弹簧秤将小车匀速拉至斜面顶部,记录弹簧秤读数。

斜面高度	所需的拉力
竖直提起	
斜坡高度1	
斜坡高度2	
斜坡高度3	

    5. 分析表格里的数据,与预测比较,作出合理的解释。

实验结论:

2. 研究斜面长度对提升力的影响。

实验方案(二)

实验题目：研究斜面长度对拉力的影响

预测：在相同高度的斜面上，斜面越长，提升物体的拉力越小。

实验过程：1. 将小车挂在弹簧上，竖直提起至一定高度，记录弹簧秤读数。

2. 将长木板斜搭在某一高度(15厘米)支架上，用弹簧秤将小车匀速拉至斜面顶部，记录弹簧秤读数。

3. 换一块短一些的木板，再用弹簧秤将小车匀速拉到斜面顶部，记录弹簧秤读数。

4. 再换最短的木板，再用弹簧秤将水车匀速拉至斜面顶部，记录弹簧秤读数。

斜面长度	所需的拉力
竖直提起	
木板长度1	
木板长度2	
木板长度3	

3. 分析表格里的数据，与预测比较，作出合理的解释。

实验结论：

三、应用斜面，辨认解释各种变形斜面

1. 斜面的应用。

出示各种图片和事物，认识日常生活中应用斜面的现象。例如：盘山公路、螺丝钉、铅笔刨、……

2. 以钉子为例让学生了解什么是楔形工具(变形斜面)。

(1) 用放大镜观察钉子，并讨论钉子尖部的形状。

(2) 将钉子和没有钉尖的钉子分别钉入同一块木头里，讨论：为什么挫平的钉子很难钉进木头？

(3) 简单介绍楔形工具，并举例。

【活动评述】

本课的教学内容是紧紧围绕简单机械——斜面进行的。斜面几乎是本单元集中机械中最简单的，有的学生熟的甚至没什么想研究的，因此在教学中就要注意引起学生的兴趣(甚至只是一部分学生也好，这样好带动其他学生)，所以一开始就出示图片(立交桥、盘山公路、桥梁的引桥、楼梯等)，并把它们联系起来，让学生开始产生疑问，并思考为什么在研究简单机械过程中竟讲到这么简单的斜坡呢？接下来组合斜面的模型，激起学生的竞争意识。接下来的实验过程符合科学学习的过程，即让学生在亲身经历和体验中获得科学知识、掌握科学的学习方法。在实践的操作中发现，斜坡或斜面可以帮助人们用较小的力提升物体到某一高度，也可以帮助人们通过改变物体的形状，如变为

楔形、尖形,使工具变得更锋利,该直线运动为螺旋运动,从而使人们的工作、生活变得更容易、更轻松。在教学过程中,教师讲解的时间较少,活动时间较多,而实验比较简单,一般能够完成,但实验不一定要求学生完成得十全十美,只为达到让学生经历科学,并能初步了解认识斜面的目的。

【资料链接】

　　http://www.pep.com.cn/200308/ca279042.htm 斜坡是怎样省力的
　　http://www.pep.com.cn/200310/ca294987.htm 斜面和楔子

(深圳市南山小学　杨韵茹)

盘山公路的启示

鸡蛋壳的启示

【教学内容】
  苏教版《科学》五年级下册第二单元第一课《折形状》中的一个实验"再试试蛋壳的承受力"拓展而成。

【设计理念】
  这节课首先从讲述"诸葛亮用鸡蛋考倒张飞"这个故事入手,让学生亲手握鸡蛋后思考这样一个问题"为什么鸡蛋可以承受较大的压力?"然后小组合作探究"再试试蛋壳的承受力"实验,试着解释蛋壳为什么可以承受较大压力的原因,从而认识到薄壳结构及其在建筑中的广泛应用,最终领悟到大自然给予我们无穷的启示。

【活动目标】
  一、过程与方法
  1. 分工合作完成探究蛋壳承受力的实验。
  2. 积极讨论并且设法解释蛋壳能够承受较大压力的原因。

  二、知识与技能
  1. 知道薄壳结构可以承受较大的压力。
  2. 了解薄壳结构在建筑中的广泛应用。

  三、情感、态度与价值观
  欣赏自然生物奇妙的形状和结构,领悟它给人类的启示。

【活动准备】
  教师准备:鸡蛋槽、鸡蛋、科学书、实验表格、课件。
  学生准备:鸡蛋壳、科学书、笔、计算器。

【活动过程】
  一、引入:手握鸡蛋实验
  师:民间流传着这样一个故事,有一天,诸葛亮问张飞,"你能把生鸡蛋握破吗?"张飞哈哈大笑,"俺老张天生神力,单手能举起千斤顶,握破一个小小的鸡蛋简直是不费吹灰之力!"你猜猜,张飞真的把鸡蛋握破了吗?
  生1:假设破;
  生2:假设不破。
  生3:亲手握鸡蛋。

师：你把鸡蛋握破了吗？张飞也像你一样没能把鸡蛋握破，这是什么原因呢？

生1：可能是力气还不够大；

生2：可能是鸡蛋很牢固。

生3：可能是鸡蛋把压力分散了。

……

师：有同学认为是力不够大，也有同学认为是蛋壳在起作用，下面让我们做一个实验来探究这个问题。

二、探究：鸡蛋壳的承受力实验

师：请大家翻开《科学》课本第21页，找到"再试试蛋壳的承受力实验"，这个实验需要什么材料？

生：蛋壳和书。

师：这是大伙从家里带来的蛋壳，还有我们用过的《科学》课本，每本《科学》课本约为200克。请小组讨论以下问题：

（1）四个蛋壳最多可以托起多少本《科学》课本？

（2）蛋壳怎么摆？

（3）《科学》课本要怎样摞起来呢？

学生进行小组讨论：

（1）提出假设，如10本，20本等；

（2）蛋壳可以摆成一个长方形等；

（3）《科学》课本可以交错摞起来等。

师：板书各个小组的假设数据后出示实验要求：

（1）小组分工合作：摆蛋壳、摞书、数数和记录各一人；

（2）身体不能接触桌子；

（3）只要有一个蛋壳被压碎就马上停止往上摞书。

学生小组分工合作完成实验。

教师板书各个小组的数据。

师：最多和最少的数据分别是多少？它们相差多少？两者存在较大差异的原因是什么？四个鸡蛋壳为什么能够承受那么大的压力？

生1：最多是15.2千克，最少是6千克，它们相差9.2千克；

生2：可能是蛋壳的位置不一样；可能是摞书的方法不同；……

生3：蛋壳能使作用在它身上的压力分散。

师：蛋壳的什么特点能使作用在它身上的压力分散呢？

生：蛋壳的形状。

师：蛋壳的形状是怎样的？

生：拱形的、椭圆形的、弧形的、……

师：蛋壳这种构造被称为薄壳结构，如蜗牛壳、田螺壳、海螺壳、乌龟壳和人的头盖骨等都是薄壳结构。鸡蛋究竟能够承受多大的压力呢？下面让我们再做一个"脚踏鸡蛋实验"。

三、验证：脚踏鸡蛋实验

师：人站在鸡蛋上，鸡蛋会被压破碎吗？

生1：假设破；

生2：假设不破。

指定一名学生尝试站立在鸡蛋上。

师：人站在鸡蛋上而鸡蛋没有破碎，这说明了什么？

生：鸡蛋能承受较大的压力。

师：薄壳结构有这样的优点，它给我们什么启示呢？

四、运用：薄壳结构的建筑

师：在我们周围有薄壳结构的建筑吗？

生：四海公园旁的幸福中心楼上的天文台。

师：你还能举出其他例子吗？

生：北京国家大剧院、悉尼歌剧院、日本大阪市圆顶屋、柏林国会大厦、印度泰姬陵、意大利比萨建筑、意大利威尼斯市政厅、美国华盛顿国会大厦、美国帕玛山天文台、耶路撒冷的岩石圆顶清真寺等等。

师：很多宗教如基督教、伊斯兰教、佛教的建筑，还有天文台和体育馆等建筑都采用了薄壳结构。小小的鸡蛋壳能给我们这么多的启示，大自然中这样的例子更是数不胜数。

五、拓展：自然生物奇妙的形状和结构给人类的启示

师：你知道哪些自然生物奇妙的形状和结构给人类的启示的例子呢？

生：人们通过观察鱼造船，观察鸟制造飞机，观察苍蝇复眼发明蝇眼照相机，……

师：大自然是人类的老师，我们应该向大自然学习。

【活动评述】

1. "试试蛋壳的承受力"实验。虽然学生对鸡蛋最熟悉不过了，但是蛋壳隐藏着的秘密，多数学生是不清楚的。学生在做这个实验的过程中，摞书最多的小组高达76本科学书（每本约为200克），他们都兴奋地叫了起来，出乎意料的结果激发他们积极探究事情真相的热情。

2. 薄壳结构的建筑。像蛋壳、龟壳、螺壳等薄壳结构，能够巧妙地把压力分散开来，使得单位面积的受力变得最小，这种原理广泛地应用在建筑上，不仅实用（如天文台、体育馆等），而且赋予特殊的含义（如基督教、伊斯兰教、佛教等建筑）。在实验的基础上观赏薄壳结构建筑的图片，使得学生对这种类型的建筑有了较多的了解。

3. 生物的启示。蛋壳能给我们如此多启示，其他生物的例子就更不用说了。学生在感叹大自然生物神奇本领的同时，深刻认识到仿生学在现代科技舞台上的大有作为。

【资料链接】

1. 薄壳结构。

生物界的各种蛋壳、贝壳、乌龟壳、海螺壳以及人的头盖骨等都是一种曲度均匀、质地轻巧的"薄壳结构"。这种"薄壳结构"的表面虽然很薄，但非常耐压。模仿它们壳体在外力作用下，内力都沿着整个表面扩散和分布的力学特征，在建筑工程中早已得到广

泛应用。日本东京的代代木体育馆则活像一只巨大的海螺,其外观曲线流畅、轻快、形态动人,被认为是当代最成功的体育建筑之一。(摘自 www.zzxxly.com)

2. 仿生学(bionics)生物学科类。

近一二十年发展起来的一门属于生物科学与技术科学之间的边缘学科。它涉及生理学、生物物理学、生物化学、物理学、数学、控制论、工程学等学科领域。生物界各种丰富多彩的机能具有极其复杂和精巧的结构,其奇妙程度远远超过迄今为止的一切人造的机器,因此在工程科学的进一步发展中,人们需要向生物寻找启发和进行模拟是很自然的。(摘自 kjt.gzst.gov.cn)

(深圳市南山区育才二小 冯日成)

造 房 子 1

【教学内容】
　　苏教版《科学》五年级下第二单元第四课。
【设计理念】
　　配合教学创新课程,以学生为中心,教师起引导作用,科学与生活相结合。根据学生对古今中外房子建造的认知情况,用所给的材料在规定的时间内动手建造出一个环保房屋的模型。在教学设计中,给学生在操作中的主体位置,给他们一定的时间、空间,让他们进行尝试并充分发挥他们的才能。
【活动目标】
　　培养学生动手、动脑能力和创新精神,知道设计在建筑中的重要作用,掌握简单的建造房子的方法。使学生形成同学间相互合作,相互探讨的良好习惯。
【活动准备】
　　各种古今中外房子式样图片、报纸、透明胶带、双面胶带、胶水、透明尺、剪刀、火柴棒、创可贴(以防学生受伤)。
【活动过程】
　　师(出示古代房子的图片):知道这些房子是哪一个时期建造的吗? 是用什么材料建造的? 这些房子有什么特点?
　　生:……
　　小结:古代房子都是用树枝、石头、草泥等天然材料做成的,它的结构简单,功能单一。
　　(知识:石器时代的人们盖房子时所用的材料完全来自于大自然,人们用石刀割削枝条,用干草把枝条扎成框架,再用兽皮盖在框架上,一座帐篷式的住房就完成了)
　　师(出示现代各种各样房屋图片):知道这些房子是怎样建造的吗?
　　生:……
　　小结:这些房子都是现代的,在生活中经常见到。由于近几年建筑业的激烈竞争和建筑市场的繁荣发展,学生随处可见盖房子的场面,学生在此过程中也可了解到盖房子的大致程序。但教师最重要的是要引导学生重点观察房屋的结构以及设计建房中需考虑的种种因素,以增强学生对形状、结构、承受力、稳定性以及美学等方面知识的理解和消化。
　　(知识:1. 在材料和杆体承载横断面积都相同的条件下,空心杆抗弯能力最强。

因为在材料和横断面积相同的情况下,同样的空心杆能够做得比实心杆粗些;由于空心杆分布在外面的材料比实心杆多,它的抗弯能力自然要比实心杆强多了。在自然界中,像麦秆、芦苇、竹子、鸟兽的骨骼等都是空心的,它们是自然界经过千万年才演变出来的。人们受到启发,在建造房屋时,把一些高大的柱子和一些杆子都做成空心的;在机器制造业中,人们用钢管和铁管来做承压抗弯的架子。但必须注意的是,这些杆件都是在细而长的情况下才做成空心,这样才具有优越性。2. 现代房屋的屋顶一般采用一种叫做桁架的三角形结构。其中每个桁架的两个斜边叫做橡,两根橡的下端由一根联系梁连起来,多个桁架并列连接起来可以做出任意长度的屋顶)

师:工人们建造房子是不是直接就开始建造了?

生:不是!

师:那还需要什么呢?

生:还需要设计图纸。

师:那么我们建造房子需不需要设计图纸呢?设计图纸是否随便应付就可以了?

生:需要。而且设计图纸必须认真对待。

师:那好,下面给大家15分钟时间就有关房子设计方案进行小组讨论,并画出房子式样的简图。结束后看哪个小组的设计图画得最美观、最特别、最省材料。需要注意的是,此次做房子的材料全部是报纸,包括房屋的柱子、屋顶和墙体等,所以在设计过程中计算好盖房子需要多少用料(不超出30张小张报纸),即需要多少张报纸卷多少根纸棒,需要多少张报纸糊屋顶和墙体等。

学生:讨论并动手画设计图。

15分钟后。

师:各组派小组长到讲台上按图介绍本组的设计思路、制作方法及需要用到多少张报纸。讲台下的其他小组要认真听,并从中发现别组的长处,以弥补本组的不足。

各小组发言:……

师:各组的设计图纸都有自己的特色,刚才每个小组也已经听了其他小组的设计图介绍,知道了本组的设计图在哪方面还有欠缺,那么利用课后时间再加以修改,争取把本组的房子建造得最优秀。另外,房子建得好坏除了与图纸有关外,纸棒卷得好坏也直接影响房子质量。下面老师就把卷纸棒的方法教给你们。

卷纸棒方法(教师边说边做示范):

将火柴放在报纸一角,紧紧卷起报纸,头上用胶水贴牢(或用胶带粘牢)。如果纸棒的长度不够,可用胶带将两根纸棒接在一起。

学生练习卷纸棒(5分钟)

剩余时间给各小组安排好造房子时每个组员的具体分工。

将学生带到校操场进行建房子比赛,以小组为单位进行比赛,每个小组8人。首先让各小组分散,然后将30张报纸及其他工具发到各小组中,在教师说"比赛开始"后,每个小组则可以开始动手造房子了。

在比赛开始前,教师说明注意事项及要求:

1. 比赛时间规定在30分钟内,时间到立即停止。

2. 只用所提供的材料搭建一座房子,房子要做到结实美观,而且造型要有创意,空间要大,用料要少,时间要少。

  3.各小组要遵守纪律,小组内成员要认真合作。不能大声喧哗,小心使用工具,以免伤到别人。

  4.在造房子进行到10分钟左右各小组派一名情报员到其他小组打探情况,从而加快本组房子的建造速度。

  5.在造房子过程中,若遇到困难要及时举手,要求老师的帮助。

  师:造房子比赛现在开始。

  学生开始动手进行造房比赛……

  教师在各小组间进行适当指导……

  在比赛进行到20分钟时,教师提醒学生用报纸糊上房顶及墙壁,最后用彩笔画上门窗,以达到各有特色。

  比赛结束,让学生互相交流、畅谈造房子的体会,并评出1—2个最好的房子。

  小结:造房子只是一个过程,体会其中的艰辛、互相合作才是最重要的。

【活动评述】

  此次教学活动通过学生思考问题,锻炼学生解决问题的能力。教师为引导者的角色,由学生自行建构解决问题的模式。让学生从探讨和实际活动中获得发现和新的认知,培养出信心和乐趣,并体会到分工合作的效果和重要性。再通过作品的展示,让学生彼此间相互了解并取长补短。

【资料链接】

  学生上网或到图书馆查找古今中外各式各样房屋的图片。

(深圳市南头城小学 何牡丹)

造 房 子 2

【教学内容】
　　苏教版《科学》五年级第二单元第四课。
【设计理念】
　　本活动设计是在前三节课所学知识和技能的基础上,以"造房子"活动为载体,给学生以时间和空间,让学生在制作的过程中,体会搞科学的艰辛和创造的乐趣,提高动手能力、综合运用知识的能力和团结协作的能力,引导学生学会逻辑思维,并在逻辑思维的基础上,以想像、灵感、直觉等方式开创创造性思维。引导学生学会正确的评价方式,提升对科技活动的认识,激发创造的热情。
【活动目标】
　　1. 能够与组内同学一起,参与设计房子,会计算房子的用料。
　　2. 能够与组内同学密切合作,建造房子。
　　3. 知道设计在建筑中的重要作用。
　　4. 体会造房的艰辛和快乐。
　　5. 了解现代房屋与古代房屋的建筑特点。
【活动准备】
　　课件(包含现代房屋与古代房屋的图片和资料)。
　　大量的旧报纸、胶带、乳胶、彩笔、剪刀、小刀等。
【活动过程】
　　一、了解古代住房和现代住房的建筑特点
　　全班活动:播放课件,出示古代住房和现代住房的图片和资料,然后提问:你们知道这些房子是用什么材料建造的吗？这些房子有什么特点？引导学生回忆所见所闻,并把它们讲出来,让学生在相互补充中,了解建造房子的大致程序,并对建造房子充满期待。引导学生重点观察房屋的结构以及设计建房中需考虑的种种因素,以增强学生对形状、结构、承受力、稳定性及美学等方面知识的理解和消化。
　　教师谈话:今后几节课内,我们都将用来开展造房子活动,比一比哪个小组造的房子稳定、结实、美观、用料省、空间大并富有创意。报纸是一种比较容易找的材料,所以这次的造房材料统一选用报纸作为主材料。
　　二、制定建造房子的计划
　　小组活动:小组内讨论,集体决定要造一座怎样的房子,并将房屋建筑设计图画出来。

对房屋设计给出一些基本的要求：

1. 房屋结构稳定。
2. 造型美观、有创意。
3. 用料省、空间大。

三、准备建房材料

全班活动：各组交流房屋设计图，各小组派出代表在班上介绍本组的设计思路和制作方法，活动中引导学生取长补短，完善设计，弥补不足。

小组活动：各小组根据设计图纸，完成建造房子的准备工作，包括以下几个方面：

1. 建造房子所需工具。
2. 建造房子所需材料。
3. 计算出需要多少张报纸，卷成多少根棒，需要多少张报纸糊屋顶和墙体，需要怎样装饰房屋。

这需要小组内同学很好的协调，统筹安排，全盘考虑，这对这些平时很少动手的孩子来说，是有一定难度的，或许会考虑不周，教师要适时给予指导。

卷纸棒活动：房子建的好坏除了与图纸设计有关外，纸棒卷得的好坏也会直接地影响房子的质量。引导并示范让学生尽量将纸棒卷得紧一些，而且要在头上用胶水或其他粘接材料粘牢。如果纸棒长度不够，可用胶带将两根棒接在一起。学生练习卷纸棒，请卷得好的同学到各小组巡回指导，小组内同学相互交流经验，直到大多数同学学会卷纸棒。为了节约时间，组长分配好每个同学卷纸棒的任务，回家完成。

四、分组建造房子

将学生带到学校架空层，教师在场地上已先划分好各小组的位置，各小组带上准备好的材料和工具到指定地点上开始造房子活动。各小组可派一名代表到其他各组参观以汲取别组先进经验，而其他同学不可随意走动，做到互不干扰。

教师到各小组之间巡回指导，由于建造房子的活动难度较大，各小组在造房子的过程中会遇到各种各样的困难，甚至有个别小组面对材料一筹莫展，由最初的激动、兴奋变得沮丧，小组成员之间开始相互埋怨……教师要及时给予学生帮助和指导，引导学生克服困难，团结合作共同完成任务，并要给学生充足的时间，让学生在反复的试验中，积累经验，建造出满意的房子。

五、活动评比，交流建房活动中的体会

根据最初基本要求：结构稳定结实、外形美观、有创意、用料少、空间大等因素，每班对八个小组的作品分别评出一、二、三等奖。为表扬和鼓励部分同学在建房活动中的突出表现，每班评出个人优秀奖五名。

另再设几个单项奖，以激励学生再创造的积极性。

1. 最具创意奖；
2. 最佳造型奖；
3. 结构稳定奖；
4. 团结合作奖；

开一个建房经验交流总结会，会上先颁发奖状，以鼓励学生在今后的活动中更加积极投入。

学生畅谈建房过程中的体会,包括成功的经验和失败的教训、建房过程中发生的趣闻乐事、个人的体验和收获等。

【活动评述】

这是个面向全体学生的活动,给予了学生时间和空间,让他们"真刀真枪"地搞科学,把学到的知识和技能用于科学活动中,给每个学生动手的机会,调动了学生学科学的积极性。

学生是科学学习的主体,本活动中教师充当了组织者、引导者和亲密伙伴的角色,本着"跳一跳,够的着"的原则,营造了民主、和谐、宽松的学习氛围和自我创新的空间,充分挖掘他们的潜力并适时给予引导,让学生在不知不觉中进入学习科学的最佳状态,从而体会到学科学的无穷乐趣。

在历时五个课时的活动中,学生深刻体验到了成功的喜悦和过程的艰辛,在谈体会时,许多学生都谈到原以为很简单的事,做起来却是这样的困难。在分析失败的原因时,有些学生说是因为材料准备不够充分;有些学生说是工具准备不充分;有些说是没想到棒与棒的连接这么难;……在谈到成功的原因时,很多小组都谈到了小组团结合作的重要性,……无论结果怎样,无论成功还是失败,学生在活动过程中的体验和经历都将是一笔宝贵的财富。创造条件给学生动手的机会,引导学生进行反省和思考,从亲身体验中获得深刻的认识,让思维的火花碰撞出智慧的光芒,在潜移默化中提高学生的科学素养和创新能力。

【资料链接】

1.《房屋建筑》。

2. 有关房屋建筑知识的网站。

(深圳市南山中英文学校　张　秋)

孵小鸡

【教学内容】

　　苏教版《科学》五年级下册第三单元第三课。

【设计理念】

　　通过实验让学生充分认识鸟类的繁殖过程,了解卵生这一繁殖方式,通过一段时期的观察,考验学生的耐心。在四年级的时候学生通过养蚕活动,亲历了昆虫的完全变态发育过程。今天我们继续通过孵小鸡的实验,将又一次亲历一个奇妙的过程。在实验中,教师起引导的作用,而不是代替学生去做这个实验。此外,教材是一种重要的课程资源,我们要以教材为中心,充分调动其他有效的教学资源,为教学服务。在设计好实验的同时,适当的准备好一些相关的资料,丰富学生的知识。

【活动目标】

　　一、过程与方法

　　1. 能够在孵小鸡过程中针对面临的问题提出自己的解决方法。

　　2. 能够与他人交流合作,共同完成孵小鸡活动。

　　3. 能够运用简单工具和使用材料制作完成孵化箱。

　　二、知识与技能

　　1. 知道只有经过受精的卵子才能够孵化或繁殖出下一代。

　　2. 了解鸡的胚胎发育大致的过程。

　　3. 知道一些饲养鸡或其他小动物的常识。

　　三、情感、态度与价值观

　　1. 体会到科学技术在实际应用中的意义。

　　2. 感受珍爱生命的意义。

【活动准备】

　　有关孵小鸡的录像或光盘资料、孵化箱(纸箱或木箱)、温度计、灯泡、棉花、鸡蛋(经过受精的),根据实际选择饲养小鸡的物品。

【活动过程】

　　本课在时间上属于中期的观察实践活动。在教学中可根据实际选择制定教学时限。建议在活动的前后进行两课时的课堂教学。

第一课时 活动前的准备

1. 本课的导入可从学生带来的用具自然过渡到孵小鸡的内容上,或用爱迪生小时候学孵小鸡的故事进行激趣导入。然后组织学生展开讨论,关于孵小鸡都知道哪些事情,让学生通过讨论交流,对鸡的繁殖过程有大致的了解。主要是让学生了解孵小鸡应需要哪些必要的条件,并可适当播放音像资料加以补充。

2. 准备鸡蛋和制作孵化箱。受精的鸡蛋可以从学生带来的鸡蛋中按照教材介绍的方法进行挑选,或直接选用在种鸡场购买的经过受精的鸡蛋。教学时由教师统一购买发放,这样更能保证小鸡的孵化率。需要指出的是,即使是统一购买的种蛋在课堂上也最好让学生按照教材介绍的方法观察一下,这样可以使学生更直观地了解受精卵的概念。

孵化箱的准备也是材料准备中很重要的一部分。可根据孵蛋的数量选择合适的泡沫塑料箱、纸箱或木箱。最好选择那种箱体有一定厚度的适合保温的箱子。把箱底及四壁用纸糊严,箱底和箱的四周围铺半寸厚的棉花,在箱内安置通电带开关的灯泡,最好选择可调节电量大小的开关。箱内壁安放温度计和湿度计。箱上面用棉被盖严。为了更好地观察到箱内情况,最好在箱体上设置一个透明的可观窗。孵化箱的作用就是为了保温,要使箱内的温度在一段时间内保持恒定在35℃～36℃之间。教学时根据实际选择自己合适的材料制作孵化箱。

3. 在做好准备活动后,可适当组织学生进行讨论,如何照料孵化中的鸡蛋,及如何观察鸡蛋在孵成小鸡过程中各阶段的变化。提示学生在孵化过程中应注意基本事项:鸡蛋放入箱内一般不能超过三层,最好每隔6～8小时翻动一次;孵化到19天时蛋头要朝上放置,周围用棉花围好,每隔3小时左右凉蛋一次,每次1～2分钟。这样过一两天小鸡就会破壳而出。

4. 在讨论中还要引导学生在孵化前,针对活动中可能出现的问题和困难进行预测,并能设法找到解决的办法。让学生应用已有的知识和技能自己去解决问题。

5. 观察鸡蛋在孵化过程中各个时期的变化是活动的重要部分。这个活动需要学生有一定耐心。观察活动除用文字进行必要的表述外,还可以提示学生把看到的用图画下来,或根据需要拍摄一些照片。在观察中,如果条件允许,可以每隔一个阶段打破一个鸡蛋观察里面发生的变化,或采用选受精鸡蛋时照蛋的方法了解在一定时期内鸡的胚胎发育情况。

6. 特别需要注意的是,在这个时期的观察实践活动中,教师要自始至终地进行参与和指导。要在整个活动中,和学生们一起解决活动中出现的一些问题和困难。在需要的时候给予学生必要的鼓励和帮助。教师的关注是学生能否把活动进行到底的重要保障。在这个活动中,需要的是师生共同的耐心,而活动成功的回报就是给学生留下终身难忘的科学探究的经历。

第二课时 在一段时期后交流观察的结果,讨论怎样喂小鸡

1. 本课是在相隔一段时期后对前一时期的活动进行的阶段性总结。可以通过召开科学研讨会的形式,把各组学生观察到的结果及资料性的成果进行集中展示,组织学

生交流在活动中的发现及经历的趣闻,让学生回味20多天经历的辛苦与乐趣,谈谈自己的收获与体会。

2. 在讨论中,要引导学生对已经孵化出的小鸡进行下一步活动的延续,即如何喂养好小鸡。可提示学生向有经验的老人或有关人员进行咨询,或查阅一些相关的资料。组织学生讨论在喂养小鸡时应注意的基本问题,要在活动中使学生感受到创造生命和留住生命是同样重要的。

【活动评述】

本课的活动设计丰富了学生们的知识世界,对于他们认识生命世界奠定了基础。教师在活动中的指导作用至关重要。在实验过程中,还需要细心地观察,详细地记录,耐心地体会,这些都是实验成败的关键。此外,通过这次实验,有利于培养学生们做实验时的科学态度,培养他们对生命的珍爱。

【资料链接】

http://tech.sina.com.cn/o/2002—04—24/112940.shtml
现场目击神舟三号搭载太空乌鸡蛋孵化全过程(图)
http://www.agric138.com.cn/subhome/xm/tech/jswd/YJWD/YJWD17.HTM
影响鸡蛋孵化率的因素有哪些?

(深圳市月亮湾小学 李 菁)

多利羊的诞生带来的思考

【教学内容】
苏教版《科学》五年级下册第三单元第五课。

【设计理念】
克隆这个词在生物学界可以说是尽人皆知,但对非生物学界的人来说可能还相对陌生。对于五年级的学生来说,"克隆"这个词听说过,但可能还不知道它的具体含义。"克隆"一词是英语词 clone 的音译。我国以前曾将其译为"无性生殖"或"无性繁殖"。其实,在自然界中有许许多多的克隆现象存在:如植株扦插,从一个柳树枝上剪下几根小条,插进土里,以后它们就长成相似的柳树;再比如,把土豆切成许多小块埋在土里,再长出的新土豆等。在自然条件下,由于许多植物本身就适宜进行无性繁殖,所以,它们很容易克隆。在本单元的第一课"不用种子也能繁殖"教学中,学生实际上已经对克隆的现象有所了解,只是没提"克隆"这个概念。本单元后面几课介绍的是脊椎动物的有性繁殖和人的出生等方面的知识。在自然条件下,高等动物是有性繁殖,克隆基本上是不存在的。在动物界中,无性繁殖多见于无脊椎动物,如原生动物的分裂生殖、水螅的出芽生殖等。前面几课内容为本课的教学作了一个铺垫。这节课属于本单元中拓展性的一课,它介绍了当今最先进的科技成果,相信学生们对多利羊的诞生及有关克隆方面的知识会很感兴趣。好奇和惊讶的态度是学好这一课的必要条件,教师要充分利用这一点进行教学活动设计。

根据以上的分析,我的教学设计分以下几个部分:

1. 课前布置学生查找和搜集有关克隆及多利羊方面的资料。

2. 简介克隆有关方面的知识。课堂教学时,首先让学生通过回忆本单元第一课"不用种子也能繁殖"的相关内容和观看无性繁殖的 Flash 课件,理解克隆的概念。

3. 了解多利羊出生的情况。让学生在课堂上交流他们查找的有关多利羊出生的一些资料,提出其中有哪些看不懂的内容。针对学生提出的问题和为了帮助学生能够理解后面将要观看的多利羊诞生的 Flash 课件,用粉笔画图解的方式简单讲解细胞、细胞核、DNA、基因的知识,再通过投影让学生观看多利羊诞生的 Flash 课件,帮助学生了解多利羊的出生过程。

4. 提出问题和开展讨论:克隆技术对人类的影响和给人类带来的思考。

【活动目标】
　　一、过程与方法
　　1. 通过查找资料,搜集和了解有关克隆的相关信息。
　　2. 对资料进行处理和筛选,并能对搜集的信息进行分类。
　　二、知识与技能
　　知道什么是克隆,初步了解克隆技术的发展。
　　三、情感、态度与价值观
　　意识到科学技术的突飞猛进给人类带来的巨大影响。
【活动准备】
　　教师准备:
　　1. 网上下载的无性繁殖的 Flash 课件和多利羊诞生的 Flash 课件。
　　2. VCD 光碟《克隆人的猜想》。
　　学生准备:查找和搜集有关克隆及多利羊等方面的资料。
【活动过程】
　　一、开门见山,提出问题,什么是克隆
　　学生课前已查找了相关的资料,让学生对查找的资料进行交流。通过回忆本单元第一课"不用种子也能繁殖"的相关内容并发表自己的看法,再通过观看无性繁殖的 Flash 课件,进一步理解克隆的概念,为理解多利羊的诞生打下基础。
　　二、谈谈为什么说多利羊是克隆羊
　　1. 学生交流讨论:多利羊的诞生对于学生来说并不陌生,他们以前通过科普文章或电视以及现在查找的有关资料对多利羊或多或少会有一定的认识。只是对多利羊为什么是克隆羊不理解,而可能对多利羊是如何制造出来很感兴趣。教学中让学生对这一感兴趣的问题进行讨论汇报,通过资料的交流使学生了解到更多的相关信息,并提出他们所关心的一些问题。
　　2. 教师通过讲解和利用多利羊诞生的 Flash 课件的演示,帮助学生理解多利羊的诞生过程。因为以前科学课的教学内容中没有涉及到有关细胞和遗传方面的知识,学生缺乏相关的知识背景,要理解多利羊为什么是克隆羊会有一定的困难。这时,教师用粉笔画图解的方式简单讲解细胞、细胞核、DNA、基因的知识以及它们之间的关系,为学生理解克隆羊的出生作知识上的铺垫。然后再让学生观看多利羊诞生的 Flash 课件,帮助学生理解新个体所携带的遗传信息和原来个体所携带的遗传信息完全相同,所谓"克隆羊",就是无性繁殖的羊,是某一只羊的"复制"后代。
　　三、讨论或辩论,克隆羊带给我们的思考
　　观看《克隆人的猜想》VCD 光碟,了解克隆技术的发展,以及人类在克隆道路上的不平凡岁月。
　　将观看与讨论穿插进行。针对学生感兴趣的问题,引发思考。从以下几个方面引导学生进行讨论:一方面,克隆能给人类带来许多益处——诸如保持优良品种、挽救濒危动物、利用克隆动物相同的基因背景进行生物医学研究等;另一方面,"克隆动物"则会导致生物品系减少,个体生存能力下降。

克隆技术是人类生物技术的一项重大突破。当世界出现了克隆羊、克隆牛等克隆动物以后,就无可避免地需要面对要不要克隆人这个问题。

让学生针对以上几个方面的内容进行讨论或辩论,意识到科学技术会给人类与社会发展带来好处,也可能会带来负面影响。

【活动评述】

一、体现"从问题入手"的科学课的教学理念

本节课虽然没有观察具体的物体,也没有动手做有关方面的一些内容,但在教学过程中却尽量让学生从问题入手,重视学习过程中对资料的搜集、整理与表达,培养学生的科学思维方法。

二、根据教学活动的目标,设计适当的教学模式和选择适当的教学媒体

要在一个课时内完成教学活动的内容,时间是比较紧张的。而且,克隆的概念对学生来说也比较抽象。如何帮助学生感知和理解有关克隆的新知识和新信息,教师考虑到了运用多媒体的电教直观教学手段。通过无性繁殖的 Flash 课件和多利羊诞生的 Flash 课件的演示,既能节省时间,又能通过生动形象的画面帮助学生理解本课的教学内容,有利于学生思维活动的开展。

三、让学生学习采集信息、资料等素材的方法,并学会整理和利用获取的素材

【资料链接】

网站:http://www.chinatech.com.cn

(深圳市华侨城小学　邹玲珍)

多利是怎样诞生的

【教学内容】
苏教版《科学》五年级下册第三单元第五课。

【设计理念】
本课是在学生了解了动植物一些基本的生殖方式之后,进一步了解关于克隆技术等无性繁殖方面的知识,属于本单元拓展性的一课。我的设计理念是充分发挥学生的自主学习精神,要求利用现代化的信息技术手段获得关于多利的各种资料,形成对"克隆"这种科学技术的简单理解,并提出思考讨论的问题"对小羊多利的诞生你怎样看?"这样学生可以通过讨论甚至辩论,使问题深化,对科学技术是把"双刃剑"这样一个事实有更进一步的认识,进而学会辩证地看待事物的发展,辩证地看待事物的两面性。整节课通过了解克隆技术,感受克隆技术到体会科学技术的迅猛发展给人类带来的巨大影响以及重大意义,环环紧扣,充分体现了让学生自主探究、大胆质疑的教学理念,促进了学生的全面发展。

【活动目标】

一、过程与方法

1. 通过不同途径查找克隆技术的相关资料。
2. 对资料进行处理和筛选,并能对搜集的信息进行分类。

二、科学知识

1. 知道生物除了有性繁殖之外还有一些无性繁殖的方式。
2. 知道克隆技术,初步了解克隆技术的发展。

三、情感、态度与价值观

1. 意识到科学技术的迅猛发展给人类带来的巨大影响,而且该影响是正反两方面的,从而学会辩证地看待事物的发展,辩证地看待事物的两面性。
2. 激发民族自豪感。

【活动准备】
教师准备有关无性繁殖的图片资料;
有关克隆羊多利和克隆技术的光盘以及课件。

【活动过程】

一、引入

教师谈话:通过前面的学习大家知道,自然界中各种动植物大多通过两性的结合繁殖后代,这被称之为有性繁殖。但是同时有些生物也会以另外的方式产生后代。

二、介绍无性繁殖

教师谈话:植物界的扦插、嫁接、根繁殖、茎繁殖等都是无性繁殖,这些我们都已经学习过了,除此之外,在低等动物中还存在着如下的繁殖方式:

讲解出芽繁殖:(出示水螅的图片)

水螅在一定条件下会从母体的细胞壁上长出一个小芽,小芽长到一定程度后,就会从母体上脱落下来形成一个新个体。

讲解孤雌生殖:(出示蚜虫的图片)

蚜虫有一种生殖方式就是由雌性蚜虫独自产下后代,称为孤雌生殖。特别是经孤雌生殖的后代全都是雌性。

讲解断裂生殖:(出示海葵的图片)

海葵生长到一定阶段就会发生断裂,断裂后的不完整个体又会重新生长完全,各自成为新的海葵个体。

教师小结:以上三种生殖方式都不需要雌雄结合的过程,也不需要受精的过程,因此属于无性生殖。但是自然界中的无性繁殖都发生在低等动物和植物中,从来没有高等动物无性繁殖的例子,直到多利的诞生。(引出下一个话题)

三、了解克隆技术

教师谈话:多利是谁?关于克隆羊多利你知道多少呢?请把你查阅到的资料和大家交流交流。(课前布置过查阅资料的作业)

学生分组交流相关信息。

(关于多利学生们从各种媒体上查到了大量的资料,其中包括多利的出生时间、多利的制造者是谁、名字的由来、多利的三个"妈妈",以及人们对多利的诞生所产生的各种反应等)

汇报。(教师要求有针对性的汇报有关多利是什么时间、谁制造的、怎样制造的)

(由于小学生还不能很好地理解一些专用名词的含义,虽然他们所查的资料中有关于多利的制造过程,但是他们还是不能很好地理解,所以教师有必要对多利的诞生做简单形象的讲解)

教师简要讲解克隆羊多利的"制造"过程:

取绵羊 A 的一个卵细胞——去核,只留细胞的外壳。

取绵羊 B 的一个乳腺细胞——去壳,只留细胞核。

将 A、B 两羊经过处理的细胞融合成一个细胞,在实验室将其培养成一个胚胎。然后植入绵羊 C 的子宫内,它发育长大出生就是多利。

教师小结:

小羊多利没有爸爸和传统意义上的妈妈,他不是精子和卵细胞结合发育而成的,它是科学家利用生物技术进行的无性复制,这种技术就叫"克隆"。

四、讨论克隆技术对人类的意义

教师谈话:大家对克隆技术有了一定的了解,对多利的诞生你怎样看?你认为克隆技术对人类有什么意义呢?

学生踊跃发言,表明自己的观点。(有人表达了乐观的态度,认为克隆技术将给人类带来福音,但也有人担心克隆技术如果用于人类将出现伦理、法律等方面的混乱。由于有两种截然不同的看法,因此形成了两种观点的辩论,辩论在教师的引导下进行)

教师谈话:关于克隆技术对人类的影响大家现在有两种截然不同的观点,那么科学家们怎么看待这个问题呢?下面请看一段纪录片。(播放一段著名科学家对克隆技术的评论录像)

教师小结:看来,关于克隆技术对人类的影响,至今仍是一个争论不休的话题。通过刚才的辩论可以看出,大家已经认识到了克隆技术给人类带来的正负两方面的影响,这就足以说明同学们已经能够辩证的看待这个问题了。的确,科学技术是把双刃剑,关键在于人类如何把握。任何技术,只要我们能够利用它积极的一面为人类服务,有效的控制它的消极面,人类就将不断进步!

五、克隆技术大事记

教师谈话:多利作为体细胞克隆技术的代表吸引了全世界人们的目光,其实在它之后还有许多成功的例子,下面我们就来认识一下。(播放一段资料片,学生可以形象地看到世界各国科学家在多利之后制造的各种克隆动物,其中包括中国科学家的技术成果。同时还可以出示教师事先制作的幻灯片《克隆技术大事记》,让学生对整个克隆技术的发展历程有一个大概的了解)

教师总结:通过以上的资料大家可以看到,克隆技术正如雨后春笋般在科学界全面展开,我国科学家在这一领域也做出了非凡的成就,这是值得全体中国人骄傲的事实。希望在不久的将来在我们的日常生活中就能体会到克隆技术带来的好处。希望其中有你们的贡献哦!

【活动评述】

本课的教学内容是紧紧围绕克隆技术展开的。当今的时代,资讯发达,学生思想活跃,考虑到学生对新事物充满好奇的实际情况,设计本课时我不但没有想降低难度,反而想通过学生以自主学习的方式扩大知识面,并且培养他们主动探究、大胆质疑的良好学习习惯。

教学活动设计方面,首先以讨论自然界中的无性繁殖引入新课,并且引出"多利是谁?"这个话题。由于在课前已经布置学生查找关于克隆技术的相关资料,这时孩子们的表现欲立即被调动起来了,他们争着举手要求发言,课堂气氛非常活跃。当然,学生所查阅的资料来源广泛,内容也相当丰富,但是,课堂时间有限,在允许他们做短暂的交流之后,"汇报"这个环节在教师的引导下进行。教师提出"多利是谁?它是由谁制造的?怎么制造出来的?多利的诞生人们是怎样看待的?"这实际上是培养学生对资料进行处理和筛选,并且对所搜集的信息进行分类的一个做法。学生对老师提出的问题基本上都能——作答,但是关于多利是怎样制造出来的这个问题,由于小学生知识有限,他们不能清晰的表达。此时教师有必要以简单易懂的方式对多利的制造做出解释。于是我采取了以 A 羊,B 羊,C 羊的简单比喻方式对体细胞克隆的过程作出了简要的说明。这种方式使学生一下子理解了克隆的实质。关于克隆技术对人类的意义这一命题,让小学生来总结未免过于牵强了,于是我将这个命题改成"对克隆技术你怎样看?你认为它会给人类带来怎样的影响?"这样一来,学生就敢大胆发言了。由于两种观点的冲撞,教师引导他们展开了辩论。虽然不存在对与错,但辩论本身让学生学会了辩证的看待事物的两面性。最后,通过录像资料学生了解了世界各国克隆技术方面的成就,尤其是我国科学家在克隆技术方面的成就使学生进一步增强了民族自豪感,教师不失时机地对其进行了爱国主义教育。

【资料链接】

http://tech.sina.com.cn/o/2001—11—29/93603.shtml
http://tech.sina.com.cn/o/2002—02—20/103463.shtml
http://tech.sina.com.cn/o/2001—11—07/90934.shtml
http://tech.sina.com.cn/o/2001—11—28/93624.shtml
http://tech.sina.com.cn/o/72702.shtml
http://tech.sina.com.cn/focus/clone.shtml
http://tech.sina.com.cn/o/74164.shtml
http://tech.sina.com.cn/focus/cloneman.shtml

(深圳市南山区海滨小学　张　力)

人体指挥中心——大脑

【教学内容】
　　苏教版《科学》五年级下册第四单元第一节。
【设计理念】
　　通过活动让学生真实感受到人体指挥中心是大脑,接着进一步认识大脑,再通过网络自主探索学习,让学生了解更多相关的知识。
【活动目标】
　　一、过程与方法
　　1. 针对人体活动,解释大脑是如何进行指挥的。
　　2. 探究大脑不同的区域所具有的不同功能。
　　二、知识与技能
　　1. 知道大脑在人体活动中起着指挥中心的作用。
　　2. 知道大脑不同区域具有不同的功能。
　　三、情感、态度与价值观
　　意识到人类对脑的认识和开发随着科技的发展会越来越进步。
【活动准备】
　　准备:制作大脑有关的网页、上网的电脑、沙袋、学生搜集与大脑相关的材料、测记忆力的物品,如剪刀、夹子、硬币等。
【活动过程】
　　一、创造情景
　　引入,做"抛沙袋摆军旗"的游戏,目的是为了激发学生的兴趣,创设一个适于探究活动的环境。教师宣布游戏规则后进行游戏,游戏后提出问题:是身体哪个部位在指挥我们完成这一系列动作?从而引出人体指挥中心——大脑。(板书:人体指挥中心——大脑)
　　二、认识大脑
　　1. 介绍大脑的大小。
　　师:你们猜猜我们大脑大约有多大?
　　学生可能有各种不同的答案。

揭晓答案:把两只手握成拳头靠在一起,这就相当于我们大脑的大小。

2. 通过电脑辅助教学进一步认识大脑。

(1) 探索点1:脑竖着解剖是怎样?它有几部分组成?

学生自己探索。(可以在自己准备的书籍中找资料,可以看书找,可以上网搜索,可以讨论等)探索后,请学生回答。(答案参考:书本有相关的纵剖图,脑由大脑、小脑和脑干组成)

(2) 探索点2:大脑可以怎样分?

小组讨论。

讨论后,派学生代表回答。(答案参考:大脑分成左右两半,称为大脑半球,两个脑半球分别控制着不同的活动)

(3) 探索点3:大脑皮层在哪里?它有哪几个功能区?

学生自己探索,集体交流。

(参考答案:大脑上层是大脑皮层,是脑最重要的部分。大脑皮层有许多沟槽和褶皱,这增加了大脑的面积。大脑皮层可分为六个功能区,有运动中枢、触觉中枢、视觉中枢、听觉中枢、语言中枢和思维及情绪中枢。各功能区管理着不同的活动。各功能区的大致位置:如思维中枢在脑的前部、听觉中枢在左耳的上方,视觉中枢在后脑,语言中枢在思维中枢和听觉中枢之间。)

(4) 探索点4:结合功能图,讨论人体经常发生的几种情况?让学生对上述现象做出合理的解释。

学生分组讨论,集体交流。

(5) 引导学生看"利用电子技术测出的大脑活动区区域图",进一步对大脑的各功能区的作用加以说明。

三、记忆力的测试

测试1:说出拿走的是什么。15种物品观看20秒,然后说出拿走了其中的哪一种。

测试2:画图形及细节特征。同样看20秒,然后动手画出来。

测试3:倒着说数。从四位数开始,可以逐步增加数位,看谁记忆力强。

四、自由阅读与网络搜索

【活动评述】

如果单一地讲,师生都会感觉乏味,这节课通过游戏、活动、讨论和上网搜索的多种形式充分调动学生的积极性、主动性,让他们学得轻松又愉快,有老师的适当引导以及学生自主的学习,使课堂洋溢着科学探索的气氛。

【资料链接】

1. 中国人、日本人、欧美人大脑的差异。

中国人的大脑与外国人的大脑不同,原因不是种族的不同,而是使用不同文字体系造成的。

中国人、日本人使用汉字时用的是右脑,右脑受损时不能读写汉字,而日本人此时却认识日本拼音文字"假名"。

右脑受损,欧美人读写拼音文字不受影响。

左脑受损,不影响中国人、日本人读写汉字,却影响日本人、欧美人读写日本拼音、欧美拼音文字。

右脑是感性脑,左脑是理性脑,两个半脑怎样才能平衡发展呢?

原来,左脑管语音,右脑管词意、形象。拼音文字与语音结合密切,左脑管拼音文字,右脑管词义。

2. 青少年使用手机影响大脑。

西班牙的一个试验结果表明,青少年使用手机通话仅几分钟也会影响其大脑功能,影响时间近1个小时。

西班牙神经诊断研究中心的研究员使用医用扫描仪,对一名11岁的男孩和一名13岁的女孩在使用手机时大脑的反应拍摄了图像。结果表明,青少年在使用手机通话几分钟后,大脑的活动迅速减弱,特别是靠近手机一边的大脑,在通话结束后的50分钟内,大脑大部分部位的活动都比正常情况下减缓。

3. 有损大脑的生活因素。

(1) 懒散少用脑。有道是"脑子越用越灵敏"。科学合理地多用大脑,能延缓神经系统的衰老,并通过神经系统对机体功能产生调节与控制作用,从而达到健脑益寿之目的。假如懒懒散散不常用脑,则对大脑和身体的健康都是不利的。

(2) 胡思乱用脑。"脑子越用机灵"是建立在科学用脑的基础上,倘若过分紧张焦虑,或是不切合实际地殚思竭虑,则对大脑和身体也有不利影响。

(3) 带病强用脑。在身体欠佳或患病时,勉强坚持学习或工作,不仅效率降低,而且容易造成大脑的损害,还不利于身体的康复。

(4) 饥饿时用脑。有的人早晨起床晚,来不及吃早餐,或有不吃早餐的不健康习惯。这样就使人一上午处于饥饿中,血糖低于正常供给水平,导致大脑的营养供应不足。若经常如此,势必有损大脑的健康和思维功能。美国学者经过实验证明,孩子吃高蛋白早餐时的学习成绩,要明显优于进素食早餐时;而不进早餐的孩子,其学习成绩都较差。同理,在其他时候饥饿的情况下用脑,也会对大脑有不利影响。

(5) 睡眠质量差。成年人一般每天需要有7小时以上的睡眠时间,并要保证睡眠的较高质量。如果睡眠的时间不足或质量不高,那对大脑是一个不良刺激,这会使大脑的疲劳难以恢复,易发生衰老。故睡眠不足或睡眠质量差者,应适当增加睡眠的时间(夏天宜午睡片刻),并设法改善睡眠状况。

(6) 蒙住头睡觉。有人睡觉时习惯将被子蒙住头,这样,随着被窝中二氧化碳浓度的升高,氧的浓度不断下降,长时间吸入如此污浊的空气,对大脑的健康必定有害。

4. 注意保护大脑,避免神经紧张。

人们早已知道,精神状态与情绪波动能影响血管系统的功能。心脏是接受刺激最敏感的器官之一,如果在一段时间内,反复精神刺激,可使心脏变得非常敏感,以至出现明显的心脏病症状。

大脑受刺激能引起高血压,也可引起心脏血管系统和血流量的改变,甚至造成心肌梗塞。临床上,脑功能紊乱对心血管影响很大。有人对脑部受伤的147例士兵进行过观察,发现40%的病例有心电图改变。50~70%的脑出血病人有特征性心电图改变。

病理学家也说:"脑子"损伤能导致心肌损伤,"脑子"出血,心肌损伤的发生率更高。有人做动物实验:造成"脑子"出血,可引起广泛性心肌变性或心肌梗塞。所以,要保护好心脏,首先要保护好自己的"脑子",尽量避免或消除对大脑刺激的各种因素。

　　心律失常与精神类型及生活状态有密切关系。有的人表现长期焦虑、性格孤僻,有厌恶情绪及强迫观念,心情非常忧郁,生活状态长期处于压抑之中,这种人最易患心脏病。即使没有心脏病的健康人,也可因为战争恐怖或精神过分紧张而突然发生心房颤动,也有的健康人因为强烈的惊吓或沮丧而导致死亡。例如国外曾有一例这样的报告:一位正常健康的家庭主妇,由于丈夫出现急性冠心病发作,使她极度焦虑,忽然感到胸部严重不适,15分钟后突然死亡。又如,某医院有一病人突然死亡,医生发现其他同室病人的病情也都有不同程度的加重。

　　5. 大脑保健:常思防衰。

　　大脑是人体进行思维活动最精密的器官。养生首先要健脑,要防止脑功能衰退,最好的办法是勤于用脑。而懒于用脑者,久而久之就会出现脑功能的衰退。

　　"用进废退"是自然界的普遍法则。实践证明人用脑越勤,大脑各种神经细胞之间的联系越多,形成的条件反射也越多。古代著名历史学家司马迁就说过:"精神不用则废,用之则振,振则生,生则足。"明代高濂也曾在《遵生八笺》一书中指出:"精神不运则愚,血脉不运则病。"意思是说大脑经常不运用就会愚蠢,血脉不运行或运行不畅则会生病。医学研究证明人类在生活中,勤奋工作,积极创造,可以刺激脑细胞再生,并能恢复大脑活力,是延缓人体衰老的有效方法。但大脑又不宜过度使用,要注意合理用脑,保持生活有规律!

　　有人认为,凡遇有如下情况出现则不可继续用脑:

　　(1) 头昏眼花,听力下降,耳壳发热;

　　(2) 四肢乏力,打呵欠,嗜睡或瞌睡;

　　(3) 注意力不集中,记忆力下降;

　　(4) 思维不敏捷,反应迟钝;

　　(5) 食欲下降,出现恶心、呕吐现象;

　　(6) 出现性格改变,如烦躁、郁闷不语、忧郁等现象;

　　(7) 看书时,看了一大段,却不明白其中的意思;

　　(8) 写文章时,掉字、重复率增多。

　　这些都是用脑过度的信号,遇有以上情况,人们可以闭目养神或眺望远景,也可以做深呼吸数十次或到户外散步休息片刻。另外,经常用脑的人,学习和工作之余,宜常服健脑食疗方剂,如取胡桃仁100克,龙眼肉500克,蜂蜜2000克,将前二味捣碎,拌入蜂蜜封存,每次服30克,每日两次,可以养脑补血。也可取银耳50克,杜仲50克,冰糖250克,先将杜仲煎熬三次,取汁去渣,下银耳煮至熟烂,再调入冰糖即成,每日服两次,可以醒脑提神。

(深圳市向南小学　凌海辉)

信息的传递路径——神经

【教学内容】
苏教版《科学》五年级下册第四单元第二课。

【设计理念】
　　以建构主义理论为指导。建构主义理论认为，知识不是被动吸收的，而是由认知主体主动建构的。"知识在一定程度上能被传播，但传播的知识只有在它被重新构造之后，即得到了解释并且与学习者的已有知识联系起来，在各种情况下变得可用"(Pawlik & Rosen-zweig，2002)。科学课程必须建立在满足学生发展需要和已有经验的基础之上，提供他们能直接参与的、有典型科学意义的各种科学探究活动。本课以此理论为指导，突破"教师中心，课本中心"的老路，改变原有的单一、被动的教学方式，让学生通过自己的探索来主动学习。

　　在活动设计方面，设计了层层深入的体验活动，从"举手活动"到"测皮肤神经的敏感性"、"探究身体不同部分反应快慢"，再到"测试大脑反映速度"，让学生在亲历的活动中去体验、去学习。也使学生难以理解的看不见、摸不着的神经系统变得直观、生动、有趣。这符合科学学习提倡的，以主动积极的探究方式来学习大量的知识，把知识的学习纳入到多样化的探究过程之中，同时充分体现了"做科学"而不是"学科学"的思想。

【活动目标】

一、过程与方法

1. 通过查阅书籍和其他信息来源解决有关神经的问题。
2. 探究出感觉神经和运动神经是怎样传递信息的。
3. 解释大脑和神经是怎样一起工作的。

二、知识与技能

1. 知道在人体活动中大脑和神经是怎样在一起工作的。
2. 知道人体活动中的神经传导过程。

三、情感、态度与价值观

对探索脑的秘密充满兴趣。

【活动准备】

1. 课件：神经系统模式图
2. 铅笔、尺子、橡皮擦、写有"L""R""S"的卡片。

【活动过程】
一、导入
1. 谈话：上一节课，我们知道了大脑是人体的指挥中心，它指挥我们的身体做出各种各样的动作。下面我们就来做几个动作，看看你的大脑指挥的怎么样？
当老师举起字母"L"时，你们就举起你们的左手。（左：left）
当老师举起字母"R"时，你们就举起你们的右手。（右：right）
当老师举起字母"S"时，你们就双手都不举。（停：stop）
2. 师生开始活动。
3. 谈话：大家做得很好，现在我们增加点难度，老师读字母你们举手：
当老师读到"L"时，你们就举起你们的左手。
当老师读到"R"时，你们就举起你们的右手。
当老师读到"S"时，你们就放下双手坐好。
4. 小结：很好，大多数同学反应得很快。说明我们的指挥官——大脑反应很快，在瞬间就能接收信息并发出指令。那么大脑是通过什么接到的信息？又是通过什么把发出的命令传送出去的？（神经）
这节课我们就来研究信息的传递路径——神经（板书）

二、认识神经系统
1. 谈话：下面我们就来认识一下我们的神经系统。（课件出示神经系统图）
2. 讲解：教师介绍人体的各部分神经及神经的分类。
3. 画出神经和大脑工作图。
谁能把我们刚才举手活动时神经和大脑是怎样工作的，用箭头表示出来？

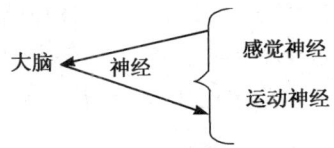

（评析：学生动手画的过程，就是学生学习的过程，学生通过亲身的体验，并把刚才的体验用箭头表示出来，便能够掌握神经和大脑是怎样工作的，比起老师的讲解要有效得多）

三、测皮肤神经的敏感性
我们的全身遍布着神经，那么各地方的神经敏感性是不是一样的呢？下面我们来测试一下（手指尖、手背、前臂等）。
1. 学生预测。
2. 教师讲要求。
3. 学生分组实验。
4. 交流实验结果。
5. 教师小结：通过这个活动你认为不同地方的神经的敏感性是不是一样的？哪里更敏感一些？我们认识到了，皮肤感觉神经的敏感性是不同的，手指尖分布的神经组胞（神经元）比较多，所以比较敏感。盲人就是利用手指尖来识字的。

四、探究身体不同部分反应快慢

现在我们已经知道了皮肤的感觉神经的敏感性是不同的，那么身体不同部分的反应快慢是否相同呢？如：手和脚的反应快慢是否相同？哪个更快些呢？

1. 学生预测。
2. 讨论实验方法。
3. 学生动手实验。
4. 讨论造成反应快慢不同的原因。
5. 教师小结：通过实验你认为哪个会更快些？为什么？

五、测试大脑反映速度

刚才，我们知道了一个人不同部分神经的敏感性和反应速度是不同的，下面我们来测试一下不同人的大脑的反应速度是否相同？

1. 教师讲解要求。
2. 学生测试。
3. 交流测试结果。
4. 教师小结：不同人的反应是不同的，这与学习没有关系，但这种反应是可以通过训练来加强的。经常运动的人反应就快些，所以我们要加强体育锻炼。使自己身体的协调性和反应速度加快。课后可以再练习一下，看看练习后与现在比有什么不同？

【活动评述】

本课的教学内容是紧紧围绕神经传导通路——反射弧进行的。考虑到学生的实际情况，本课降低了难度，没有提及"反射弧"这个专业名词，而是形象地把遍布全身的神经比做电话电缆；也没有涉及过多、过细的脑神经、脊神经概念，而只是简单地把神经分为感觉神经和运动神经，利用多个活动帮助学生理解"大脑和神经"是怎样在一起工作的，体现了本单元以建立感性认识为主的宗旨，也符合科学学习的过程，即让学生在亲身经历和体验中获得科学知识、掌握科学的学习方法。

教学活动设计方面，首先以看（听）字母举手活动引入新课。由于学生在上一节课已经知道了大脑是人体的指挥中心，它指挥着我们的身体做出各种各样的动作，下面我们就来做几个动作，看看你的大脑指挥的怎么样？在活动结束后，以"大脑是通过什么接到的信息？又是通过什么把发出的命令传送出去的？"的问题直接切入主题，这样做不仅激发学生的学习兴趣直接进入主题，而且能够让学生体会到大脑和神经是统一的整体，密不可分。其次是认识神经系统并让学生画出刚才"举手活动"时大脑和神经是怎样工作的。学生在画的过程中便充分感受和认识到了。然后又通过"测皮肤的敏感性"、"测身体不同部位的反应快慢"以及"测不同人大脑的反应速度"三个层层递进的活动，把一个学生看不见、摸不着的有关神经的死板的知识，变得鲜活起来。使学生在体验活动中认识了神经，加深了学生对神经系统如何工作的认识与理解。

【资料链接】

1. 神经系统的组成。

神经系统可分为中枢神经系统和周围神经系统两部分。中枢神经系统包括脑和脊髓；周围神经系统包括脑神经、脊神经和植物性神经，它们遍布于全身，把中枢神经系统与全身各器官联系起来。

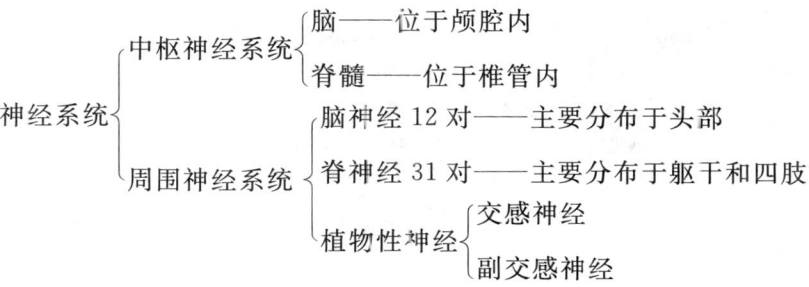

2．神经的分类。

周围神经系统，根据它们的作用可以分为三类：由传入神经纤维集结成的神经叫传入神经（也叫感觉神经），由传出神经纤维集结成的神经叫传出神经（也叫运动神经），由传入和传出神经纤维集结成的神经叫混合神经。

3．有关神经的网站。

网址：http://www.zgxl.net/sljk/imgbody/sjxt.htm

网址：http://www.37c.com.cn/literature/library/theory/001/00102008.html

网址：http://www.healthno1.com/health/feature/html/fe-misc-20000110a.htm

网址：http://www.newbsys.com/phy/_private/10SJ.htm

网址：http://www.glmc.edu.cn/js/yuanxi/jichu/jiepou/tuku/jiaoxue/biaoben-tuku/index9.htm

（深圳市南山区大冲小学　李柏峰）

我 的 手

【教学内容】
　　教科版《科学》三年级上册第三单元第四课。
【设计理念】
　　我们每人都有一双灵巧的手,孩子们对手的了解是很多的,但是,手为什么会这样灵巧?手还有哪些功能?学生也还不清楚。在教学这一课时,我的设计理念是组织各种参与性的活动,让学生能够自己研究,在学生的体验和感悟中获得多方面的发展。
【活动目标】
　　在观察、体验中了解手的构造,知道手有感觉的功能,能自行探究手的灵活性。进而发现人体构造的精巧与和谐,知道要爱护自己的身体,关心和善待周围身体有残障的人。
【活动准备】
　　供学生研究之用的胶带纸、有褶皱的饮料管、能套住手指的圆筒和几片脉络分明的树叶以及记录用纸、人民币等。
【活动过程】
　　本节课的活动由五项层层递进的活动组成,这五项活动也构成了一个大的活动。

活动一　说手

　　这项活动分三个阶段进行:
　　1. 猜关于手的谜语。教师出谜学生猜:"兄弟整十个,高矮不一般,左右分两排,五个为一班,只要团结紧,排海又移山"。通过猜谜语,激发学生的学习兴趣。
　　2. 夸手。
　　说一说手的用途,让学生认识到手的灵巧。
　　师:你的手能做些什么动作?你能用手做些什么事?
　　学生做手影、说手的用途,引导学生认识到手的灵巧。

师：我们的手能做这么多的事情,真了不起。今天我们就来研究"我的手"。
3. 问手。
师：你们想研究手的什么问题？
对学生提出的研究问题,整理出"手为什么这么灵巧？"的问题来研究。

活动二　看手

对手进行认真观察,是研究手的重要环节。在这项活动中,教师引导学生对手的形状、结构进行多方面的观察,要求学生边观察,边思考,同时提醒学生：对手的观察不局限于对外表的观察,希望能通过触摸了解它的内部。不仅是在手没有动作时观察,而且可以在活动时观察。

学生活动：小组观察、交流、汇报。

观察后引导学生进行充分的交流,对手的结构有一个全面的认识。

活动三　玩手

这是本堂课最重要的环节,活动中一定要有充足的时间,要让学生真正参与活动。这项活动分两个层次。

预测手的灵巧性与什么有关。

谈话：手的最大特点是灵活,手的灵活与什么有关呢？你们先猜一猜。

学生交流自己的想法,教师记录主要的几个观点,如与手的关节有关、手上的皱褶有关等等。

1. 选择研究内容,确定研究方法

引导学生选择自己有能力进行研究的问题。

（1）研究的重点可以是关节、大拇指、皱褶。采取分小组研究的形式。

（2）分组先讨论：用什么办法验证自己的想法？

（3）在学生实验设计过程中,教师适时出示和发放实验材料引导学生的探究方向。小组内每人进行体验,并记录自己小组的体会或发现。可以用自己喜欢的简单方式进行记录,比如文字、示意图等等。

（设计可行的办法对预测进行验证,对于三年级学生还有一定的难度,通过小组合作讨论,让孩子体会到集体的力量,进而降低了难度。如果学生无从着手或想出的办法不是很理想,教师就再利用实验器材与课本资料进行引导。这样的设计,也就把教师角色定位为首先是学生的学习伙伴与合作者,其次才是学习的引导者）

2. 学生分组探究

（1）体验手指关节处的皮肤皱褶的用处。用胶带纸把皱褶处固定住,然后握笔去写字,体会缺少皱褶将会怎样。用手去弯折饮料管有皱褶的地方和没有皱褶的地方,比较有什么不同。

（2）体验手指关节处的皮肤皱褶的用处。用圆筒把手指的某个关节固定住,然后去拿东西。体会缺少关节将会怎样。

（3）体验大拇指的作用。把大拇指和其他四个手指并排紧靠在一，不单独分开，去使用筷子和汤勺。

（体验是研究手为什么灵巧和它的结构相关的好方法，也能使教学活动生动有趣。手这么灵巧，还有其他原因，如：肌肉、大脑、神经等的作用也是非常重要的，这里不便展开。但一定不要给学生造成错觉，认为手的灵活，只和皮肤上的褶皱、关节及大拇指有关）

活动四　想手

在进行了体验活动之后，老师提问，你对"手为什么这么灵巧？"这个问题有什么看法？学生可以结合观察手与所做的动作和事情来思考、交流。

师：其实，手的灵巧同手的每一处构造都有关系，此外还同大脑有关系，肌肉、神经等的作用也是非常重要的。同学们课后可以继续进行研究。

活动五　用手

通过摸物游戏，让学生体验手的感觉功能；通过对盲文的认识，让学生了解感官的特殊用途，知道要怎样正确对待盲人。

1. 摸物游戏。

师：同学们表现得真不错，通过自己的努力以及与同学合作有了很多新的发现。手的灵巧不仅体现在能灵活地运动，还体现在其他方面。现在我们就来看看手的本领。闭上眼睛，只用手来猜猜同学桌上的东西是什么。（提供各种物体让学生来摸，体验手的感觉功能）

学生活动。

师：这说明手还能做什么？教师根据学生的回答整理出：手的感觉确实很灵敏，可以帮助我们更好地认识周围的物体。有时可以代替眼睛。

2. 摸认盲文。

师：闭上眼睛，你们能用手认出这是几元的钱吗？

让学生分别摸人民币上的盲文数字。睁开眼再对照。

认识盲文数字。

谈话：对于盲人来说手就能代替眼睛，人民币上的盲文数字是专为盲人设计的，体现了社会对盲人的关心，我们应当怎样对待身体有残疾的人？

最后师生总结与拓展：同学们都有一双灵巧的手，如果没有手或者手指残缺会给我们的生活和学习带来很大的不便。通过对手的观察，我们知道了手的构造，知道了手为什么这么灵巧，并且体验了手的感觉功能。其实我们对于手的认识还只是一小部分，课后请大家继续观察，你会有更多的发现。你们可以观察一些动物的"手"，看看和人的手有什么不同？你们还可以观察生活中有哪些器具利用了手指关节处的褶皱结构？

【活动评述】

《我的手》这节课是在"观察我们的身体"及"我们在生长"等整体观察活动的基础上引发出的,是对人体的一个具体的局部做较深入的观察和研究。学生进行细致深入的研究还有一定的难度,因此本课所设计的活动和所采用的方法,能够较好地突破这个难点。

本课采用了探究式方法进行教学。选择了小学生最熟悉而又不容易为他们所关注的,但最适合做研究对象的"手"作为学生探究活动的课题。从孩子特点出发,通过猜谜语、做手影游戏等活动先激发起孩子探究手的兴趣,再引导孩子观察自己的手的结构,最后让他们自主地选择多种方法体验手的灵活性与什么有关。在探究活动中只给学生简单必要的提示,整堂课让孩子们在轻松、愉快、和谐的气氛中,进行"玩中体验、玩中交流、玩中探究"。这样的教学方式改变了学生"学"的行为,使学生成为学习的主动者,也改变了教师单纯"教"的行为,使教师成为学生学习的指导者,成为他们的合作伙伴。

本堂课的一大特点就是体现了以人为本的教学理念,能根据学生的求知需要合理地安排教学活动,让学生亲身经历以探究为主的学习活动。通过引导学生自主探究,促使他们自觉地建构关于人身体特点的知识,使学生真正成为学习者和发现者,促使每个学生在原有基础上都能有所发展。

(北京师范大学南山附属小学　李荣倩)

云 和 雨

【教学内容】
教科版《科学》四年级上册第三单元第一课。

【设计理念】
1. 开放性的教学活动。面向 21 世纪的科学启蒙教育具有开放性,教学中不仅局限于校内、课堂和书本,还应用多种手段拓宽教育渠道,进行开放式的教育活动。
2. 科学学习以探究为核心。通过创设情境,引发学生对观察云产生兴趣,并通过学生对云的观察、雨量的测量活动,让学生亲历探究过程。
3. 全体学生都是学习活动的主体。将制定检测方案的主动权交给学生,学生人人外出观察云,人人实地去量雨,教师只是一个合作者,一个引导者。

【活动目标】
1. 通过谈话,使学生知道认识天气、观测天气、预测天气的重要性。
2. 引导学生直接参与科学观察活动,培养学生的观察能力。
3. 让学生参与小组合作形式的观察、描绘、测量、记录、收集资料、交流等系列活动,共同分享成果。
4. 欣赏美丽天气,使学生热爱大自然。
5. 使学生明白雨量器的原理及正确测降雨量,了解雨量等级。
6. 总结归纳云和雨的关系。

【活动准备】
教师准备:每位学生一张观测记录表,借用气象站的雨量器一个,不同样式的杯子多个,如图:

课件 1:蓝天白云、乌云滚滚、晴空万里、朵朵白云、大雨倾盆、毛毛细雨。
课件 2:天上钩钩云,地上雨淋淋。
　　　　朝霞不出门,晚霞行万里。
　　　　清晨火烧云,水手要当心。
　　　　天上鱼鳞斑,晒谷不用翻。

……

课件3：主要表现下小雨和下大雨。

学生准备：课前收集各种云图及云的有关资料，学生自带一个直筒杯和一把直尺。

【活动过程】

第一课时

一、教学引入

1. 出示以云、雨表现手法的课件1(蓝天白云、乌云滚滚、晴空万里、朵朵白云、大雨倾盆、毛毛细雨)。

2. 请同学们说说看到了什么现象。（学生用自己的话描述天气现象）

3. 说一说天气对我们学习和生活有什么影响，说说预测天气的重要性。（使学生想认识天气）

4. 根据自己的经验，你是怎样观察知道天气情况的？（使学生体会到一般观察天气变化是从观察云开始）

5. 现在老师有个想法，猜猜是什么？（激发学生想去观察云的欲望）

好，今天老师就和同学们一块去观察云和雨吧！（板书课题：云和雨）

二、学习新课：观察云，认识云

1. 讨论观察云要做好哪些准备，重点观察哪些方面呢？

（引导学生说出观察云要做好记录，注明观察时间、地点、画出云图、把自己的新发现要用文字或图形记录下来。观察时要注意安全，眼睛不能直接看太阳，为防止强光伤眼，可以戴墨镜）

2. 学习如何看云量。

出示几张云图，请学生们说说云有多少？（使学生体会到云多云少说法不一，必须有统一的表达方式才好）

师：如果把天当作一个圆，再把它等分成四格。把看到的云，按照它在天空所占比例的多少，描绘到一个圆的格子里，如：估计云占天空的1/4，可以用左图的方式来表达。也可以用文字来说明，如：南方天空云很多；整个天空云很少；几乎全部都是云。连续观察三天的云量，记录在科学文件夹上。

3. 小组外出观察活动。

分发云观察记录表，分组去操场上观察。老师巡视指导学生，将观察结果记录下来。

云观察记录表

班级＿＿＿＿ 姓名＿＿＿＿

项目＼时间	月　　日	月　　日	月　　日
观察地点			
云　图			
云有多少	⊗　文字表达	⊗　文字表达	⊗　文字表达
云的颜色			
云的高低			
云的厚薄			
云像什么			
云的新发现			

4. 交流活动、展示成果。

（1）小组相互交流，展示云观察记录表，说说观察到的云的情况。（使学生们都知道云是变化移动的；有厚薄、深浅、高低、多少之分；知道自己有哪些方面还没有观察到，给予补充）

（2）展示学生课前收集的几十种云的图片，用自己的话给云图起个名字，欣赏大自然的美。

（3）请学生说说它们课前查阅所了解的云的知识：（如：云的色彩是阳光照射产生的，云高的有一万多米，低的几十米，厚的七八千米，薄的几十米，云的种类很多，千姿百态等）

5. 老师讲解劳动人民早就掌握了云的变化规律，根据云的变化总结了许多谚语。

出示图文并茂的云图课件2：

　　　　天上钩钩云，地上雨淋淋。
　　　　朝霞不出门，晚霞行万里。
　　　　清晨火烧云，水手要当心。
　　　　天上鱼鳞斑，晒谷不用翻。
　　　　……

三、扩展

请学生们说说当今人们还用什么手段观测云的变化（如卫星观测等）。

第二课时

一、教学引入

1. 通过上节课的学习谈谈云与天气有什么关系（请学生充分发表看法）。

2. 大家说的对不对呢？请学生们查阅课本资料《天气预报是怎样按云量的多少区分天气情况的》。（通过查阅资料，学生总结归纳出：云量小，多半是晴天；云量大，多半是阴天）

3. 提问：阴天与下雨有什么关系？（根据学生自己的经验，学生知道阴天容易下雨）

二、认识降雨量，测量降雨量

1. 出示课件3。（主要表现下小雨和下大雨）

2. 讨论下了多少雨。（让学生充分描述雨的情况，通过讨论使学生知道要收集所有的雨水来知道降水的多少是不可能的）

3. 出示雨量器，老师讲解测量雨下了有多大，最简单的方法是使用雨量器。（使学生知道，雨量的大小只能用所降雨水的厚度来量测）

4. 实地去量雨。

把学生带到事先选好的、没有遮挡的空地上来收集雨水。如果不下雨，可以用喷壶、水管喷淋模拟降雨过程。

5. 探究活动：怎样正确测出雨的厚度？有哪些方法？（学生自带工具开展活动）

6. 请学生上台演示各种测量的方法。（更进一步认识测降雨量的道理）

7. 查看课本资料《雨量等级表》。

请学生对照《雨量等级表》说说刚才雨的等级。

8. 想一想：云和雨之间有怎样的关系。（学生发表自己的见解，总结归纳出：云越多，越会是阴天，就越会下雨的规律性）

三、扩展

1. 讨论影响降雨量的因素。

（引导学生说出，降雨持续时间不同、覆盖地域不同都会影响雨量的大小）

2. 探究活动：如果不是直筒杯还能正确测出降雨量吗？

老师演示不同杯子收集雨水。请学生观察杯中雨水的厚度，讨论为什么不同式样的杯子测得降雨量不一样？

（通过观察、比较，发现不同的杯形，水的厚度将受到影响，只有直筒杯子才能正确测出雨水下了有多少）

四、课外活动

了解云和雨很重要，请同学们把平时画的、拍的、剪的关于云和雨的各种资料收集到科学文件夹中，建立自己的云图集，大家相互交流、看谁收集的多，了解云和雨的知识多。

【活动评述】

教学活动设计能由课堂教学延伸到课外，引导学生自主参与实践活动，探索途径和方法灵活多样，为学生提供发展创造性思维和实践的机会。

本课的教学内容，遵循儿童认识科学的规律，以学生已有经验和知识为基础，简单明了地紧紧围绕观察云、测量雨的科学活动来展开。通过外出观察、描绘、测量、记录、收集资料、交流等系列活动，发现云是有高低、厚薄、深浅变化的，知道了通过云的变化可以预测天气阴晴。通过什么样杯子能用来做雨量器和测量雨水厚度方法的探究活动，使学生明白雨量器的原理及正确测降雨量，从而在学生亲身经历和体验中获得科学知识，掌握科学的观察和科学的实验方法。

教学多处还设计了开放性的作业，真正落实了科学学习的"研究后研究"，把课堂教学和课外科学探究有机结合起来了。

【资料链接】
1. http://www.nmc.gov.cn/
2. http://www.cma.gov.cn/qx/qxshow.php
3. http://www.t7online.com/
4. http://www.ahqx.gov.cn/

（深圳市西丽小学　徐　萍）

磁铁的两极

【教学内容】

教科版《科学》四年级上册第四单元第二课。以该单元第一节课的内容为基础,引导学生运用前面学习所认识的磁铁的最基本性质——磁性的相关知识,去进一步研究磁铁,通过发现同一块磁铁的各部分的磁性强弱是不同的,从而认识磁铁有不同磁性的两极,能指示南北方向,指南针就是利用这个原理做成的。在继续深入去探究磁极的过程中,发现不同磁极之间的相互作用。为后面的学习做好铺垫。

【设计理念】

通过引领学生亲历一系列有意义、有价值的科学探究活动,使学生在获得科学知识的同时,增强动手实践能力,以及增强科学探究的能力。把学习自主权还给学生,一切以学生为主体的课堂活动。以学生的兴趣为主,选用与学生生活实际比较接近的事物作为研究对象,使学生化兴趣为动力,主动去进行探究活动。

本节课的课堂活动设计主要是让学生通过实验获取直接的经验。从认识磁铁的最基本的性质——磁性,到认识磁铁具有不同磁性的两极。接着探究磁极间的相互作用。通过对指南针原理和磁悬浮列车等内容的介绍,让学生了解磁铁在生产生活中的重要作用,并进一步学习开发磁铁在生活中的运用。教师在教学过程中在适当的时候给学生指导,帮助他们总结出探究后获得的结论,从而使学生掌握课文中所安排的新知识点和进行探究的方法。

【活动目标】

一、过程与方法

1. 认识磁铁的两极,掌握正确判断磁铁南北两极的方法。
2. 利用材料进行磁体两极的相互作用的探究实验。
3. 用语言描述实验中所观察到的现象。

二、知识与技能

1. 了解磁铁的两极及相关知识。
2. 知道磁铁有指南北的性质,以及指南针指示方向的原理。
3. 了解磁铁两极的相互作用。
4. 了解磁铁的相互作用在日常生活中的应用。

三、情感、态度与价值观

1. 做生活的有心人,学会利用磁铁做有益于人们生活的事。

2. 养成通过实验去获取直接经验的习惯。

【活动准备】

教师演示材料：玩具小车2个、标有南北极的小条形磁铁两块。

学生分组实验材料：信封1(里面有指南针、标有南北极的小条形磁铁一块、磁铁能在上面自由旋转的支撑器等)；信封2(标有南北极的小条形磁铁一块、不知南北极的小条形磁铁两块等)。信封3(玩具小车2个、环形磁铁2个、小塑料棒等)。

每小组两个学生，通过进行小组内的讨论交流获得共识，得出该小组更好的结论。实验材料按该节课里的不同实验分类，事先用标上序号的信封装好，这样做一方面可以给学生一个做实验先后顺序的暗示，减少学生拿到什么就做什么的盲目性；另一方面可以避免学生把所有实验的材料一起用上，只顾玩自己的，而忘了实验目的。

【活动过程】

一、引入

师：同学们，有谁见过会"怕生"的玩具小车吗？

生：小车又不是人，怎么会"怕生"呢？

师：你们不信？好眼见为实。(出示两部实验小车，小车里都安装有条形磁铁，车头一端都为磁铁的同一极)大家睁大眼睛看看，当这一部小车向另一部小车靠近的时候，另一部小车会怎么样。(多次演示，只见每次当一部小车向另一部小车靠近的时候，另一部小车都会向后退)

生：哦，我知道了，小车里面一定有磁铁。(正在其他学生处于迷惑不解的时候，不少玩过磁铁的学生兴奋起来)

师：同学们的眼光真锐利啊。对，小车里面都装了磁铁，那么为什么装了磁铁就会这样呢？通过今天的学习，你就能够找到答案啦。接下来的时间就是该你们自己动手去做实验找答案啦。现在，请各位同学拿出序号为1的信封，取出实验材料自己动手做实验，如果需要帮助的请举手。

二、学生实验

1. 磁铁有指南北的性质。

学生们迫不及待地拆开信封1拿出实验材料，个个都摆弄着手里的"宝贝"。有的摆弄指南针，又是抖，又是弹，但指南针的指针最终还是指着南北方向；有的把条形磁铁放在支撑器上，转了又转，每次磁铁停下来时都停在相同的位置，指着南北方向。过了5分钟后，不少小手举起来，提出了一连串的问题：

生(一脸迷惑)：老师，就这几个东西，好像研究不了小车为什么"怕生"啊？

师：别急，一步一步来，你没看到还有信封没拆开吗？里面有"法宝"。

生：为什么指南针总是指着南北？

生：因为地球是个大磁体。

生：为什么支撑器上的磁铁每次转动之后都停在相同方向？

生：为什么磁铁两端给画上了红色和白色，有的两端是红色和蓝色，上面还有"S""N"两个字母？

带着这些问题，我指导学生对这个实验做了总结。

（1）先弄清楚教室里的方位,分清东南西北。（也可借助指南针,简单介绍指南针的用法）

（2）指导学生观察被支撑起来且能自由转动的条形磁铁（也可悬挂起来）,观察磁铁停下来的指向。磁铁的一端总是指向南面,另一端总是指向北面。

（3）小结：

指南针有指南北的性质,指南的一端叫南极,用"S"取自 south（南方）,颜色是蓝色或白色；指北的一端叫北极,用"N"取自 north（北极）,颜色是红色。

2. 磁铁两极的相互作用。

（1）让学生拆开信封2,拿出里面的实验材料和信封1的材料一起用来做第二个实验。学生拿两块相同的条形磁铁,分别用不同的磁极相对。

生：老师,刚才的那两个小车里一定都安装着相同的磁铁。

生：不一定要相同的磁铁,不同的磁铁也会这样。

生：怎么同颜色的靠近会弹开,不同颜色的又会吸住？

师：（出示一个图表）根据你们所观察到的现象。把实验结果记入下表。

悬挂的磁铁	手拿的磁铁	吸引	排斥
S	S		
S	N		
N	S		
N	N		

（2）指导学生由图表记录的结果做出小结：原来磁铁有同极相斥、异极相吸的性质。

（3）分辨磁铁的南北极。

学生拿出信封2里两块没标磁极的磁铁,试着分辨它们的南北极。（看看能想出几种辨别方法）

学生想到的方法：

（1）没标磁极的磁铁放在支撑器（放水面的泡沫上）上,看它停下来时的指向。

（2）拿一块已知南北极的磁铁去验证,与北极相吸的是南极,与南极相吸的是北极。

3. 玩同极相斥游戏。

让学生打开信封3,拿出里面的实验材料动手实验。

（1）做一辆磁力小车

在玩具小车上装上磁铁,用另一块磁铁靠近小车,推动小车使它动起来。（以磁力为动力）

生：原来这就是"怕生"的小车啊。

生：我有办法改掉小车"怕生"的毛病,拿掉磁铁就可以啦。

（2）用两块环形磁铁穿在同一小塑料棒上做磁铁悬浮实验,用手感受斥力大小。

4. 介绍磁悬浮列车。

这是一个利用磁铁两极相互作用的例子。

磁悬浮的构想是由德国工程师赫尔曼·肯佩尔于1922年首先提出的。磁悬浮列车包含有两项基本技术，一项是使列车悬浮起来的电磁系统，另一项是用于牵引的直线电动机。磁悬浮列车实际上是依靠电磁吸力或电动斥力将列车悬浮于空中并进行导向，实现列车与地面轨道间的无机械接触，再利用线性电机驱动列车运行。但是，磁悬浮列车仍然属于陆上有轨交通运输。（提示学生有兴趣，可以在课余时间去查阅更多的相关资料）

5. 拓展：设计磁力碰碰车。

根据自己对碰碰车的了解，用磁铁同极相斥的性质来设计磁力碰碰车，以磁力相斥作用取代直接碰撞，更安全和更有趣。让学生讨论并设计方案。

【活动评述】

这节课结合"做中学"的教学活动特点，以学生为主体，让学生亲自经历几个以磁铁为主要研究对象的小实验，而且实验的设计以学生的兴趣为主，以学生的生活实际为材料，让学生自主地去探究既熟悉又陌生的事物。同时在拓展部分也体现出注意对学生学以致用和创新精神的培养。

【资料链接】

通过网上搜索引擎可以查到磁悬浮列车的相关资料。

上海卢湾科普网 http://www.kp365.com/index/text/76002.htm

（中央教科所南山附属学校　黄德报）

里面是怎样连接的 1

【教学内容】
　　教科版《科学》四年级下册第一单元第七课。
【设计理念】
　　我们认识并探究事物的方法很多,如观察、实验等。由于实验是为了对假说进行检验,所以比直接观察更具有可靠性,最能反映科学方法的活动,也是认知上较高级层次的探究活动。本课就是这样的一个活动。
　　由于学生在前面已经了解了电的有关知识,认识了简单电路的安装办法,会做简单的电路检测器,也会用简单的电路检测器去检验能够导电的物体和不能导电的物体,因此,本课也是对前面所学知识的复习和巩固。
【活动目标】
　　1. 让学生在经历用电路检测器检测 4 接线头的探究过程中,学会根据检测结果,推测盒子里面的电线是怎么连接的。
　　2. 让学生学会自己思考和动手,自主发现和提出问题,让学生在学习中感受到探究的乐趣,从而加强合作精神和团队意识。
【活动准备】
　　学生每组一个两边只露出 3 电线头的电线、一个 4 接线头的盒子、一个游戏盒、一个简易电路检测器、检测记录表和根据记录画图的推测表。
　　教师有两根不同色的电线、两根相同色的电线、简易电路检测器、一个 4 接线头盒子、一个 6 接线头盒子、游戏盒、电路连接方法课件、实物投影机、背投电视机等。
【活动过程】
一、游戏引入,激发兴趣
　　1. 出示两根不同色的电线,问学生,你们能区别和辨认哪两根是同一根电线吗?
　　2. 再出示两根同样颜色的电线,不同的是中间被包住了。问学生你能分辨出哪两根同一根吗?怎么才能知道呢?
　　3. 请学生交流讨论、上台演示、检验,并说出检测的依据。
　　4. 给各组发一个被包起来的电线,让孩子们去猜、去想,甚至可以打开看一看。
　　5. 请孩子们交流讨论,同一种颜色就一定是同一根电线吗?
　　(在这里,我们把这个活动当作一个游戏,给学生提供充分的想像、操作空间,以激发学生学习的兴趣,为下一步进行 4 接线头的活动做个铺垫)

二、实验检测活动

1. 老师出示一个4接线头的盒子,请同学们观察盒子的里外,主要是让学生明白盒子里面和外面的关系,便于后面的检测活动顺利进行。

2. 给每组发一个4接线头的盒子,告诉学生里面有电线连着,要求在不打开盒盖的情况下,想办法知道里面电路的连接方式。如:哪几个接线头是连通的?哪几个接线头是不连通的?这里主要是让学生能对4接线头的盒子进行一定的观察、检测和记录,并能从中找到推测的依据。

3. 学生交流汇报检测结果。将各组的检测结果贴在黑板上,并让各位组长对各组的检测结果进行分析、评价,然后请代表展示评出的优秀记录,并要特别说明这个记录好在什么地方。

(这些记录结果,是获得盒子内部连接方式的关键信息,如果没有这些信息,后面的推测活动就无法展开,因为它们是进行推测的依据)

4. 推测盒子里电线的连接方法。

(1) 让各组学生根据4接线头的检测结果,推测盒子里的电路是怎么连接的,并让学生把推测结果实事求是地画在老师事先发的空白图纸上,有几种就画几种。

(2) 交流汇报。将各组推测的电路图贴在黑板上,并请他们说出推测的依据。

(3) 请组长们数一数,全班一共推测出了多少种连接方法。屏幕投影显示出几种连接方法,请同学说,你们是哪一种连接方法呢?根据推测结果,能不能确定自己组的盒子里面是哪一种连接方法呢?

(4) 你们的猜测正确吗?请打开盒子看看!

(这个活动是一个对从外部获得的信息进行整理、分析、推测的活动阶段。活动的开展是根据4接线头的检测结果,推测盒子里的电路是怎样连接的。这是一个非常有趣而又有一定智力挑战性的活动。老师此时要善于发现和鼓励在活动中思维比较超前的同学,要善于调动每一个同学的积极性)

三、交流体会

1. 请学生说说这节课我们主要是研究什么?我们学会了什么?我们能将此研究方法运用到我们的生活中吗?

2. 老师小结同学们情况,并请同学们根据今天的研究内容,给这一节课起个名字。(板书:课题)

四、课后拓展

1. 出示一个6接线头的盒子,请学生说说,你会检测6接线头的盒子吗?需要检测几对接线头、如何排列?如果知道哪两个接线头之间是怎么连通的,你会推测盒子里的电线是怎么连接的吗?(如果时间不够,可作为作业,留着学生课后去检验)

2. 给每组发一个电路游戏板。
请学生猜猜这块电路游戏板里面有什么秘密。
学生汇报猜测、检测情况。

3. 小结:本节课主要是通过用电路检测器检测4头接线盒,学会根据检测过程推测里面电线的连接方法。希望同学们将我们学到的知识和方法运用到我们的生活实践中去。

【活动评述】

新课标指出："以探究活动为核心的科学教学过程,不再是教师宣读教科书和刻板地执行教案的过程。教学要在一定的情境中展开……"为此我是这样安排本课的学习活动的。

首先,采用游戏引入的方法开始本课的学习活动,以此激发学生学习的兴趣。我先展示两根未包住中间的不同颜色的电线,请学生辨认、区别。

第二,再出示和刚才相同颜色的线(但中间已包住),发给每组一个。让学生辨认、区别,用什么证明它们是同一根电线呢?通过学生的讨论不但为后面的检测4接线头盒子的活动进行铺垫,还更加激起了孩子们想早一点参加实验活动的欲望。

第三,"里面是怎样连接的"实验活动是本课的学习重点。活动的目的是让学生在经历探究的过程中,根据检测记录推测盒子里面的电线是怎样连接的。

这里我感觉要注意以下几点:

(1)老师展示的第一个实验盒子比较重要,一定要让学生看清楚盒子里外的关系,并能在记录表上说明这种关系,画出这种连接图,为后面的检测活动打下基础。

(2)提问引入检测4接线头的活动。

师:在上面的活动中,如果我们没有打开盒子,你能知道里面是怎么连接的吗?学生讨论回答。

再次展示刚才老师那个实验盒子的检测记录和推测图,说明刚才那位同学的发言情况、检测和记录过程。在此基础上,将学生引入到对4接线头的检测,和根据检测结果对盒子里面电路是怎们连接的推测活动中去。要求学生填好记录表和推测图,投影再次显示说明检测记录表和画出推测图的方法。

这个活动实际上反映了一个真实的科学探究过程。它的重点不是学习具体的科学方法,而更多的是培养学生一种处理实际问题,进行判断和决策的能力,激发学生的探究欲和求知欲,培养学生的创新精神和高超的思维意识。

第四,在整个教学活动中,作为教师始终注意学生是科学学习的主体,想办法让学生始终处在一个充满好奇又积极地想去搞清楚的学习状态中。如:把学具分阶段拿出来,就是为了不断地调动学生的积极性;老师在整个活动中尽量少说话,让学生自己思考和动手。

总之,让学生自己提出问题、解决问题,比单纯的听讲更有效。我们科学课程就是要向学生提供充分的科学探究机会,使他们在像科学家那样在进行科学探究的过程中,体验到学习科学的快乐!

(深圳市南山区大新小学　彭　莉)

里面是怎样连接的 2

【教学内容】
　　教科版《科学》四年级下册第一单元第七课。
【设计理念】
　　1. 探究过程中要珍视并正确处理学生已有的个人知识和原始观念,引导学生积极反思。学生经过亲自探究,才会发现自己的已有经验与新发现的事实之间的不一致,他们就会重新审视并反思、修正自己的认识,建构为"科学"的新认识。
　　2. 注重探究活动中的合作与交流。在讨论中,学生相互间的交流、质疑,使各自的想法外显,有利于学生对自己的理解进行审视,引发学生的认知冲突和自我反思,深化理解。
【活动目标】
　　一、过程与方法
　　1. 用电路检测器检测电路暗箱。
　　2. 根据检测结果,推测暗箱里电线的连接方法。
　　二、知识与技能
　　2. 尝试对相同的检测结果做出不同解释。
　　3. 能够从亲身经历的活动中体会到有序工作的重要性。
　　三、情感、态度与价值观
　　1. 在合作中主动提供自己的想法,分享他人的智慧。
　　2. 形成重视证据的科学态度。
【活动准备】
　　电线、外露4接线头的电路暗箱、电路检测器、外露6线头的电线束、记录图表。
【活动过程】
　　一、检测拧在一起的两根电线
　　1. 出示两根电线,捏住两头将两根电线拧成麻花状。
　　2. 谈话:现在你们能一眼就准确地看出左边的哪个线头与右边哪个线头是同一个电线吗?有什么办法检测呢?
　　3. 学生讨论。
　　生:把两根线再拉开。

生：我从一根电线的一头顺着往上看,就可以找到了。

生：我想捏住一个线头拉一拉,这根电线的另一头也会动的。

生：还可以使用电路检测器,有电路检测器两端分别接到两个线头上,如果灯亮了,就是同一根电线。

4. 检测活动。

我们今天用电路检测器来检测,使用电路检测器要注意什么?

指名同学上台来检测并进行展示。

二、检测并推测 4 线头电路暗箱里的线路是怎样连接的

1. 观察 4 线头电路暗箱。

出示 4 线头电路暗箱,并在视频展示台上变换角度展示。

2. 打开视频展示台的暗箱,展示暗箱里的线路连接,说说这里的连接在检测时会是什么结果。

生：1 和 2 接通,3 和 4 接通。

生：1 和 3 不接通,2 和 4 也不接通。

生：还有 1 和 4、2 和 3 也是不能接通的。

3. 谈话：老师为你们每个组都准备了一个电路暗箱,里面的线路连接和我现在这个打开的暗箱是不一样的,你们能测出这些暗箱里是电路怎么连接的吗?

4. 出示检测表格和推测图纸,说明记录方法。

5. 学生检测并推测暗箱里的线路连接。

6. 交流大家的检测结果。

师：我们开始交流大家的检测成果了,先看哪张图表?

生：先看检测记录的这张,(因为)我们先做的检测。

师：我也是这么想的,那么哪组愿意先把你们检测记录给大家看看。

(学生都把手举起来了,教师取来一组的检测记录,视频展示)

师：我们看看这一组的检测记录,检测结果和你们的一样吗?你们也是这样记录的吗?有没有什么问题?

生：我们这组的检测结果和他们是一样的,但是我们的记录顺序和他们不一样。

生：我们的记录方法也不一样。

(各小组都有学生举起检测记录表,要求展示,教师将所有想展示的小组的检测表格都贴上了黑板)

师：请大家比较一下,每个小组的检测结果都一样吗?各组的检测记录有什么不同?你们认为哪一组的记录方式最好?

生：我觉得第三组的记录最好,他们是按顺序记录的。

师：哪一张记录表?你上来找出来。

(发言学生找出第三组记录表,教师将这张记录表放到视频展示台上)

师：这个组是按照什么顺序记录的?

生：他们先是 1 和 2 检测,然后是 1 和 3、1 和 4、2 和 3、2 和 4,最后是 3 和 4。

生：他们漏了 3 和 2。

生：就是 2 和 3。

生：反过来是一样的。

生：我发现第九组的记录有问题，他们还有1和1、2和2的检测。

师：这样行吗？

生：不行。

师：连在同一个点上，和暗箱里的电线怎么连的有没有关系？

生：没有。

师：我也认为第三组的这种记录最好，这样按一定的顺序写出要检测的连接点，既节省时间，又准确，不会重复也不会漏检。我们今天检测的点比较少，如果在比较复杂的情况下，有条理的工作会给我们带来很多方便。

7．交流推测情况。

师：我们再来看看我们根据检测结果做出的推测对吗？你们推测暗箱里的线路可能是怎样连接的？谁把你们推测的线路图拿上来看看？

（教师拿来一组推测的线路图，贴在黑板上）

师：你们能解释一下你们为什么怎么画吗？

生：1和2是接通的，就连起来；1和4也是接通的，也要连起来；2和4是接通的，也连起来，所以我们认为里面就是这样连的。

师：其他小组也是这样连的吗？会不会可能还有不同的连法？

生：没有了。

生：有。

（有一个小组的同学举手了，教师收上了他们的图纸，也贴上了黑板）

生：连错了。

师：怎么错了？

生：他们组连了1和2，又连了2和3，2和3是不通的，他们这样连，1和3也是通的了。

师：其他同学的意见呢？

生：是错了。

生：我有了别的连法。

师：你来试试。

（教师在黑板上贴上了一张空白的推测图纸，给上来的学生笔，学生直接在空白图纸上连接）

师：好像很多同学还没看明白，你能给大家说明一下吗？

生：我连接了1和2，还连接了2和4，它们都是通的，1和4也是相通的。

师：1和4为什么也是通的呢？

生：可以从1到2再到4，所以1到4也是通的。

生：还有！

（教师在黑板上又贴上了几张空白的图纸，请学生上讲台画图）

师：画完了你们也要向其他同学说明一下。

生：把1和2连接，1和4连接，2和4也是通的，可以经过1号点，2和4就连起来了。

生：连 1 和 4,再连 2 和 4,1 和 2 通过 4 连起来。

8. 推测与实物对照。

师：大家刚才推测了电路暗箱里可能是怎么连接的,我知道大家现在最想干什么,是不是想看看暗箱里到底怎么连的啊？

生：是！

师：那你们就打开暗箱看一看吧！

（学生揭开盒盖,一阵欢呼）

生：我们连对了。

师：下面请每个小组把自己组的暗箱和图纸对照一下,看看你们组的暗箱里是哪种连法,派一名代表把自己组的暗箱放到对应的图纸下面。

（学生对照图纸检查自己小组的暗箱,并把暗箱放到了相应的图纸下面）

9. 活动小结。

三、检测拧在一起的三根电线

1. 出示材料：三根电线拧在一起,露出 6 个线头,拧在一起的部分被纸条和胶带卷了起来。

2. 用电路检测器测一测,分别找出这 3 根电线的两头,看看哪组找得又对又快。

3. 学生分组活动。

学生分组活动,教师巡视观察,指导部分小组注意有序检测。学生在检测过程中,想办法将已找到的电线的两头用各自的方式做记号。很快有学生完成任务,拿着检测的结果来给老师看。

4. 交流检测情况。

师：大家都检测好了吗？能说说你们检测的情况吗？

生：我们这组把三根电线的两个头都找到了。我们先用电路检测器的一端连在一个线头上,再把另一端依次到其他线头上试,就找到了第一根电线的两头,然后再找下一根电线的两头。

师：找到的电线还用再和没找到的测吗？

生：不用了。

师：那你们怎么记得呢？

生：我们在第一根找到的电线的两头的胶皮上写上了 1,第二根的上面写了 2,剩下的就写了 3。

师：你们真聪明,还想了办法做上记号,不用重复检测。

生：我们这组没有写 1、2、3,我们把第一对找到的线头对折了,第二对折成了波浪形,第三对还是直的。（发言学生边说边指给大家看）

生：老师,我们有个问题,我们这组只找到了一对线头,剩下的找不到了。（边说边举起材料给大家看）

师：其他组还有这样的问题吗？

生：没有。

师：谁能帮他们解决这个问题？

生：有的电线的两个线头都在一起。

生：其他电线都是断的。

生：他们没有检测同一侧的线头。

生：你们好像漏检了

（有学生直接跑到那一组，帮他们检测）

四、总结与课外拓展

像今天这种先做检测，再根据检测结果进行推测的方法在很多地方都会用到，请大家留意一下，我们在生活中哪些地方用到了这种办法来解决问题。

【活动评述】

1. 学生的探究是基于一定的生活经验和认知水平的。

检测第一组电线和分析一个暴露的暗箱两项活动，对于引导学生的后续研究是很有必要的，使学生明确了检测的方法、对象以及可能产生的结果，有意识地对学生的研究起到了导向作用。

2. 通过更为广泛的交流，引发学生的认知冲突，加深理解。

将所有的检测结果同时展现给学生，让学生在比较活动中形成新的认识，对学生的认知发展是有好处的，但是一定要给学生充足的时间，不能将这一过程流于形式。

3. 学生要交流和论证他们所提出的解释。

实物和推测图之间的对照，使学生头脑中形成实物——图形——符号三者之间的转换，有助于强化学生对科学探究活动的理解。

4. 科学教育的最终目的是希望通过培养学生的科学素养，改变他们的生活方式，提高他们的生活质量。

6点连接检测活动的设计，不仅反馈了学生对于检测方法的运用，更体现了处理实际问题时方法的多样性和灵活性。课堂结束语的表述，有利于引导学生将科学带入生活，科学地对待生活中的相关事物。

（深圳市南山区西丽小学　熊诗莹）

各种各样的花

【教学内容】
　　教科版《科学》四年级下册第二单元第二课。
【设计理念】
　　新课标指出："科学课程要让学生接触生动活泼的生命世界,去田野树林、山川湖泊,看花草树木、虫鱼鸟类,感受生命的丰富多彩、引人入胜。他们会发现每一片树叶都不同,每一朵花都绚丽,从而激发热爱生命的情感和探索生命世界的意趣。"
　　按照新课标要求,四年级下册第二单元的《各种各样的花》的教学活动设计,是在上一节课对一朵花的观察研究的基础上,继续进行对花的研究活动。这一节课,主要是给学生一个充分自主的空间,通过几个小活动,尽可能地让学生自己动脑筋、想办法,对即将开展调查的对象——花,自己设计出切实可行的专题研究方案。完成活动后,能自己对花进行简单地分类,并说明如此分类的依据。同时,对自己所研究的成果,能以表格、图示、文字等方式呈现出来,大胆地向同学们讲述自己的研究成果。
　　总之,通过本课的学习,让学生们认识到花也是有生命的,它们不但美化我们的校园,供人们观赏,还美化了环境净化了空气,因此,我们要爱护它们、保护它们,使它们不受到伤害。
【活动目标】
　　在活动中让学生能设计出有关花的专题研究方案,完成专题研究活动,能以表格、图示、文字等方式呈现出来,并能以报告会的形式在其他同学们的面前大胆地表述自己的研究成果,使学生们有成就感。在进行花的专题观察活动中能自觉形成珍爱生命、保护环境的情感体验,在课后产生继续研究、探究的浓厚兴趣。知道怎么进行"完全花"和"不完全花"、"雄花和雌花"、"单性花和两性花"等有关方面的研究。
【活动准备】
　　小组观察用的包括完全花和不完全花、雌花和雄花、单性花和两性花在内的花若干。课前准备的白菜心花、九里香花、玉兰花等。
【活动过程】
　　一、引入
　　1. 用投影打出我们校园里的花的图片。
　　2. 在学生共同欣赏花的时候,询问他们能做哪些有关花的研究呢?
(给学生提供了充分的自主空间,让学生自己选择研究内容,以对更多花进行研究)

二、花的专题观察

1. 学生分组讨论,确定研究主题,制定研究方案,确定人员分工。
2. 交流发言:准备研究的内容、怎样研究、研究成果的展现方式。

(鼓励他们动脑筋、初步确定自己小组的观察、研究的主题和解决问题的方法)

3. 小结各组汇报情况,布置出去观察的要求。对不知名的花请同学们描画出样子,或者捡一朵做成植物标本,以利于我们课后去查找相关资料。提醒同学们注意:出去观察时,要特别珍惜植物生命,保护环境,不损伤一朵花。
4. 组织各组学生到学校植物园去观察,并填写观察记录表(见附表)。

三、花的观察报告会

1. 分组汇报。
2. 将研究成果分类。
3. 讨论研究中发现的问题。

(一个人、一个组的观察往往有限,通过交流,可以分享彼此的信息,互相弥补经验上的不足,达到重复观察的效果)

四、认识完全花与不完全花

1. 什么叫不完全花?什么叫完全花?
2. 完全花和不完全花在构造上有什么不同?
3. 观察比较我们看到的花,你能找出哪些是完全花?哪些是不完全花吗?
4. 什么叫雄花?什么叫雌花?
5. 什么叫单性花?什么叫两性花?

(观察不仅是为了记忆知识,学会观察的技巧,更重要的是为了理解科学的概念及其形成过程)

五、交流与小结

1. 看一段录像:《各种各样的花》。
2. 通过学习我们知道了花的哪些秘密?还想知道关于花的哪些问题?

六、作业

回家继续观察、对比,认识校园外所看到的花。

【活动评述】

本课的教学内容旨在让同学们自己设计有关花的专题研究方案,完成专题研究活动,并能将研究结果以表格、图示、文字等方式呈现出来。让学生经历一个完整的小课题研究课程,有利于学生在课外更多地进行独立的科学研究活动。让学生在交流的讨论中,对不同的问题能发表不同的意见,甚至引起争论,这正是我们所期望的,只有思维的不断撞击才能闪现出更多更新的火花,激发他们的求知欲望。

教学设计方面,首先是以看校园的花的图片开始,将学生引入到一个美丽的花的世界,由此激发同学们想去看一看的强烈愿望。想去看吗?好,看什么呢?先写出出去看的内容吧?从这里把学生引入对花的专题研究中,让学生在这里有像科学家那样搞研究活动的感觉。为了节省时间,以方便学生进行专题研究,我同时将书上的提示内容制成表格（见附表），让学生自由挑选内容，到学校植物园去观察花。学生对该教学实践活动非常感兴趣，但是老师要注意控制活动时间。

新课标指出：培养小学生的情感、态度、价值观，不能像传授知识一样"教"给学生，而是创设机会，通过参与活动，日积月累，让学生感受、体验与内化。学生在活动中感受到了学习的快乐，他们期望有一个展示平台，让他们像专家一样向所有的人展示他们的发现，展示他们的成果。花的专题报告会就是提供给学生们尽情展示的平台。对此，老师要尽可能地为他们提供方便。让学生自己谈对花的认识和感受，让学生自己选择用语言或图画等形式描述所观察到的花的形态特征，并能依据其特点将花进行简单的分类。

新课标指出：在小学阶段，对科学探究能力的要求不能过高，必须符合小学生的年龄特点，由扶到放，逐步培养。这也是我设计组织这一课的最后宗旨。

附表：　　　　　　　　　"各种各样的花"活动记录表

班级：　　　姓名：　　　时间：　　　组员表现评价：

研究专题＼花名				
花的数量				
花瓣的数量				
萼片数				
花的大小				
花的颜色				
花的气味				
雄蕊个数				
花的高度				
长在何地				
花朵多大 cm				
花瓣的形状				
叶子的形状				
花梗上有几朵花				
花下发现了什么				
完全花				
不完全花				
我们的感受				

（深圳市南山区大新小学　彭　莉）

"黑匣子"探密

【教学内容】
　　教科版《科学》四年级下册电学单元的内容,是一节让学生利用已学的电路基本知识解决实际问题的科学探究课。

【设计理念】
　　1."用教材教"而不是"单纯地教教材"。
　　我根据教材内容和学生的实际情况,自己设计了这节课,在内容上有一定的难度,目的是在检测学生对《电学》单元的学习情况,使学生对所学的电学知识有一个综合的应用。
　　2.做到以人为本,突出学生是科学学习的主体。
　　这节课中除去开始的创设情境,其余的都是学生在主宰课堂,他们自己设计实验,自行讨论注意事项,选择最佳的实验方法,最终揭示了黑匣子的秘密,体会到成功的喜悦。教师只是活动的组织者,是学生的亲密伙伴,及时给予学生肯定和表扬,也提出一些改进意见,民主和谐的氛围加强了师生间的情感交流,师生间的平等对话促进了师生共同发展。
　　3.注重学生的科学态度、科学情感和科学价值观的形成。
　　学生的科学态度、科学情感和科学价值观不是通过说教能够形成的,而是通过亲身参与各种教学活动逐步形成的。在这节课中学生通过参与解开黑匣子里的电路秘密的过程,体会到解开秘密的乐趣和自己的"伟大",认识到未知世界就像"黑匣子"一样有很多秘密,从而加强了学生探索未知世界的欲望和自信心,并且意识到科学探究过程不是一帆风顺的,要克服困难,善始善终,意识到与他人合作与交流可以加快难题的解决。

【活动目标】
一、过程与方法
1. 利用已学的电学知识解开黑匣子里电路的秘密。
2. 用文字写出或图形画出黑匣子里电路连接图。
3. 能用简洁的语言表达思考过程。

二、知识与技能
1. 加深理解"串联和并联"的基本特点。
2. 能举例说出"电路检测原理"在生活中的应用。

三、情感、态度与价值观
1. 通过参与解开黑匣子电路秘密的过程,体会到科学探究的乐趣,意识到科学探究过程不是一帆风顺的。

2. 学会与人合作,学会正确对待其他竞争小组的意见。

3. 体会到未知世界就像"黑匣子",初步体验探索未知世界的科学方法。

【活动准备】

以小组为单位准备以下物品:

几根导线、一个接线夹、一个小风扇、一节电池、一个黑匣子。

【活动过程】

1. 激趣引入:

老师有一个黑匣子,猜一猜这里面可能有什么?

(把电路盒做成黑色的,一下子把学生的注意力吸引过来。让学生猜一猜,激发起学生的思考,因为刚刚学完《电学》,他们很易猜到里面是不同的电路连接)

2. 简单介绍黑匣子:黑匣子的两个接线头之间可能有导线、小灯泡和电池,也可能什么也没有。

它们在里面是怎样连接的?

这节课我们就来揭开里面的秘密,好吗?

3. 出示课题:"黑匣子"探密。

4. 小组讨论:在不破坏盒子,不能直接打开盒子的情况下怎样揭开"黑匣子"里的秘密?

5. 小组实验并完成下表。

"黑匣子"探密记录表					
班级	小组	记录人		记录时间	
接点	1—2	3—4	5—6	7—8	1—3
里面的连接					

我们的新发现

我们的问题

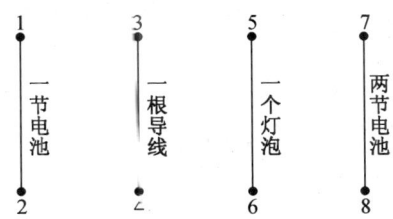

黑匣子内部结构图

1—2之间是一节电池。3—4之间是一根导线。5—6之间是一个灯泡。7—8之间是两节电池。其他的接线点间没有连接。

(这是本课的第一个高潮,所有的学生都积极参与到活动中来,一起想办法,思维很活跃,课堂充满"科学"气氛。在这里教师没有按常规让全班学生先交流实验方法再做实验,原因有两个:首先,电是看不到的,对于四年级小学生来讲比较抽象,直接讲方法有一部分基础差点的学生听不明白,所以让他们先做,在做的过程中自己慢慢探究。第二,在做的过程中不同学生的思维相互结合,才能发现更多有价值的问题,然后全班进行"头脑风暴式"的讨论。实验成功了找出经验,实验失败了也可从中找出不足,学习效果才会好。在这个环节教师要巡视,发现学生实验中的一些问题和好的方法,以防学生互相交流时说不到位)

6. 全班交流实验方法和结果。

比较好的方法如下:

(1) 先判断是否有电池(电扇转说明有电池,转得快说明电池串联,不转说明没有电池)。

(2) 再判断是否通路(电扇转说明是通路,不转说明是断路)。

(3) 最后根据电扇的转速判断是导线还是灯泡。

(这是本课的第二个高潮,在学生边汇报边演示的过程中,其他学生会提出疑问,学生们你一言我一语地争论,思维的火花不断碰撞,所学的知识不断被巩固、提升,黑匣子里的秘密一步步被揭示。比如:有的小组用以前学过的检测电路(用电池、导线和风扇连接成的电路)直接检测,这时有的学生就提出:

"如果你的电池没电怎么办?""如果你的风扇是坏的,又怎么能检测呢?"

这时学生想到检测之前一定要先检测"检测电路"是不是好的,这效果比老师强调千百次都要好。

有的小组提出"为什么1—2之间有时候电扇转,有时候就不转?"对这个问题展开讨论,有的学生说:"是没有接触好。"可是试几次都是一样的不转,这时有的学生发现了原来把检测电路中电池的正负极转过来风扇就能转动了,这又是怎么回事呢?进一步探讨得出串联电池必须是不同电池的正负极相连才行,要不然电力就相互抵消了。

有的小组说:"我们不但能测出哪几个接头间是电池,而且还能指出黑匣子中电池的正负极。"同学们对这个问题很关注,原来他们是通过风扇不同的转动方向来判断电池的正负极的,这时又有学生提出"为什么风扇会有不同的转动方向?"……)

7. 打开黑匣子,揭示黑匣子秘密。

(这是振奋人心的时刻,学生眼睛瞪得大大的,盯着投影仪,很想知道自己的检测是否正确,当看到自己正确揭示了黑匣子的秘密时,兴奋得叫了起来,老师也为他们鼓掌祝贺;也有一些小组有错的地方,他们有的在思索,有的在讨论为什么错了)

8. 拓展:

(1) 在现实生活和工业中有很多复杂的电器,这些电器出了问题,也是用检测仪器先检出大概是哪里出了问题,再打开相应的部分来修理。

(2) 世界上有很多我们不知道的秘密,就像今天课上的这个"黑匣子",科学家就是根据已有的经验和知识想办法解开秘密,我们今天就像科学家一样解开了"黑匣子"的秘密,生活中还有很多"黑匣子"等着我们解开啊!

9. 作业:自己设计一个暗箱,考考同学,考考老师。

【活动评述】

1. 自行设计学具，为学生"真刀真枪"学科学创造机会。

新课标要求学生在亲历探究活动过程中学习科学。为了激发学生的学习兴趣，教师们就要利用身边的资源，根据教学内容，自己创造性地制作学具和教具，为学生参与更多的活动创造机会。这节课中的"黑匣子"是利用旧鞋盒、外包黑纸做成的，里面利用电流工具盒中的电线、灯泡、电池、接线夹做成不同的电路，在"黑匣子"正面打小孔并标上标号，然后用胶带封好。这个"黑匣子"可多次使用，内部也可改换多种不同的连接方法，是学习电学的一个很好的材料。

2. "开放式"探究，使所有学生都能参与到活动中。

在这节课中谁都想知道黑匣子里线路到底是怎样连接的，所以在打开黑匣子之前每位学生都有浓厚的兴趣参与到活动中来，只不过基础差点的学生探究得浅点，基础好的学生探究得更深入。

3. 合作学习、公平竞争的氛围。

在揭示"黑匣子"秘密的活动中，学生各自发挥自己的长处为揭示黑匣子秘密做贡献，体验着合作带来的乐趣，享受成功带来的喜悦。对于其他组的更好办法能虚心接受，并接受其他组的良好建议，也能给其他组提出好建议，逐步形成合作学习、公平竞争的氛围。

(北京师范大学南山附属小学　武立华)

导体与绝缘体

【教学内容】
　　教科版《科学》四年级下册《导体与绝缘体》。
【设计理念】
　　新教材所蕴含的科学知识,不再是以"告知"的方式,而是以范例引导的方式呈现出来。这一课呈现的是如何区分导体与绝缘体的一个个情景,分别从不同角度、不同方面为学生提供了沟通现实生活和可能生活的"案例",让学生通过观察自己周边的物体,去感悟什么是"导体"与"绝缘体"。教学中我力求打通教材与学生生活之间的壁垒,充分体现教材的范例性,设计的教学活动注重对现实的认识、对生活的体验、对精神的感悟和对"可能生活"的憧憬。活动中把学生放到学习活动的主体地位,让学生自己参与学习。
【活动目标】
　　通过教学,让学生知道区分导体与绝缘体的方法。通过关注学生情感与态度、知识与技能、过程与方法等多重目标,使学生能自主地设计实验,亲身体会到实验成功的喜悦。学生通过对实验现象的细致观察,培养认真细致的科学态度。
【活动准备】
　　以四人小组为学习形式,每组学生准备一套小灯泡、电池板、3条导线和数节干电池。
【活动过程】

活动一　创设问题情景

　　学生生活中用到导体与绝缘体的地方很多,用学生熟悉的事例引出研究的问题,可以在短时间内引起学生研究的兴趣,提高教学效率。同时,问题从生活中来,也让学生体验到这项研究活动对于实际生活的用处。音乐卡片是孩子们最爱玩也是最熟悉的一个物品,我从这里入手,设计了如下活动:
　　师:同学们经常在节日或生日的时候送给爸爸妈妈、老师和同学卡片,我想同学们对音乐卡片应该是很熟悉的了,那么打开卡片的时候会有什么现象?为什么卡片打开的时候有音乐,而合上的时候没有音乐呢?这里面肯定有秘密,通过今天这堂课,我们大家就一起来解开这个秘密。

生：老师,我知道我知道,生日卡片的里面有一个小纸片。
生：我想打开的时候和合上的时候,肯定有一个"开关"。
生：……

活动二　观察与预测

让学生在了解电线结构的基础上,亲自观察,再让学生提出研究的问题,就可以把学生的探究欲望真正调动起来。这个活动我是这样安排的：

师(出示一段电线)：这是什么,你们观察一下。这个导线是由什么组成的？

生：导线的外面有塑料包着。

生：导线的里面有一条"铜线"。

师：我们发现电线外部包着塑料,电线里面是一根铜丝。为什么铜丝的外面要包一层塑料呢？铜丝可以让电流通过,塑料不能让电流通过。像铜丝那样可以通过电流的物质,我们称它们为导体。像电线外包着的塑料那样不能通过电流的物质,我们称它们为绝缘体。

师：你们想研究什么问题？

教师根据学生提出的问题,整理出本堂课要研究的问题：怎样检测导体与绝缘体。

活动三　设计实验并实验

让学生自己来设计检测装置,来检测一个物体是导体还是绝缘体,并用自己设计的装置来检测身边常见的物体,可以调动学生的主动性。这里教师提供了一组有结构的材料,让学生自己组装检测装置,思考检测方法,完成时间记录表的检测记录工作。

1. 学生设计实验。

给学生发小灯泡、电池板、三条导线、干电池,问大家如何来设计检测导体与绝缘体的检测装置。

2. 讨论实验方法。

用什么方法来检验导体与绝缘体。

3. 学生实验,完成实验记录表。

发放实验记录表,布置实验。要求学生在自己的周围找各种物体来实验,先预测,再检测,并分析预测与结果不一致的原因。

物体名称	预测		第一次检测		第二次检测		检测表明	
	亮	不亮	亮	不亮	亮	不亮	导体	绝缘体

我们小组共检测了(　　)物体。

检测中导体有（　　）个。
检测中绝缘体有（　　）个。
我们小组预测正确的物体有（　　）个。
我们小组预测错误的物体有（　　）个。

活动四　分析案件

在生活中应该正确使用导体与绝缘体，如果使用不当，就可能出现安全问题。科学知识与生活实际紧密联系，才能体现其生命力，因此我在这里设计了一项分析生活中由于导体与绝缘体使用不当出现的安全案例的活动，引起学生对导体与绝缘体使用的思考和关注。

我提供的案例是：

（案件）1988年7月31日上午，某厂职工子弟中学校办工厂，在承包工程的室外地沟里青年管工拉着焊机连电路，管工在雨后有积水的管沟内摆对接管时，脚上穿的塑料底布鞋、手上戴的帆布手套均已湿透。往焊管上搭接时触电身亡。

然后引导学生对典型案例进行分析。

【活动评述】

这节课的活动设计是符合儿童心理发展特点的。从音乐卡片引入，让学生自主设计实验、验证想法，充分体现了探究学习的思想。教师在教学过程中设置一些两难问题，比如说："一个物体一半是导体，另一半是绝缘体，那这个物体是导体还是绝缘体？"在学生的思维火花碰撞中引发出新的问题，整堂课的气氛十分活跃，学生的积极性非常的高涨。特别是在对物体是导体还是绝缘体的判断上，有的人去测黑板，有的去测实验桌的金属脚，有的测橡皮，有的测铅笔刀。学生提出："铅笔刀的刀刃部分是导体，而外壳是塑料的，那它到底算是导体还是绝缘体呢？"学生的学习热情很高，特别是测量和预测结果一致的时候。让学生研究生活中的实际问题，这是这节课的一大亮点。

（北京师范大学南山附属小学　陈　艳）

给小车安个螺旋桨

【教学内容】
　　教科版《科学》五年级下册第一单元第三课。

【设计理念】
　　在整个教学活动设计当中,基于对每个活动基础的认识,强调动手解决问题,并在实践的过程中发现问题。这种探究方式激发并满足学生求知欲,使学生获得对身边世界的理解,培养科学思维能力,锻炼问题解决能力、合作与交流能力,培养学生科学精神与态度,初步习得科学方法,逐步获得对科学探究本身及科学本质的理解。
　　本节课在设计上按如下环节进行:情境导入(知道螺旋桨,并了解橡筋的弹性作用)——实验制作(安装螺旋桨)——实验探究(橡筋圈数与小车运动距离之间的关系)——进一步探究(发现更多与螺旋桨有关的问题)——课外拓展。

【活动目标】
　　1. 进一步使学生认识橡筋的弹力,学习使用橡筋和螺旋桨给小车驱动力。
　　2. 培养学生的动手能力,通过实验了解螺旋桨的作用。
　　3. 启发学生自己发现问题,研究问题激发研究螺旋桨推进器的兴趣。

【活动准备】
　　教师准备:
　　记录纸"如果……将发生……"的复印件。
　　一辆小车。
　　一桶建造用部件:螺旋桨、橡筋、支架、木条、棉线、翼面平的桨、绒毛。
　　学生准备:
　　一本科学笔记本、一枝铅笔。

【活动过程】
　　一、导入
　　提问:(出示图片)莱特兄弟(Wright brothers)是怎样让他们的第一架飞机起飞的?学生回答是因为螺旋桨,将他们导入:能不能给小车安装一个螺旋桨?

　　二、动手安装螺旋桨
　　分小组使用小车、螺旋桨、橡筋、支架、木条进行实验。
　　要求:① 安装牢固;② 测试检查并确保能使小车运动起来。

三、研究螺旋桨

1. 研究螺旋桨的橡筋绞数与小车运动距离之间的关系。

在安装螺旋桨的过程中,通过测试检查,学生都知道了如何使用螺旋桨让小车运动起来。基于这种认识,进一步探究。让学生做下列尝试,见记录纸A1。

记录纸A1:动手试一试小车			
要求:1. 绞动螺旋桨,并用皮尺量下每次小车行走的距离。 2. 每次小车行驶的起点一样,装置要一样。			
圈数	第一次 10 圈	第二次 30 圈	第三次 50 圈
距离(厘米)			
我们的结论:			

2. 学生分组实验,教师巡视指导。

3. 汇报交流:小组把记录在记录纸上的观察结果和全班同学分享。可以试着对一些结果进行解释。经过实验、讨论、交流,学生基本上知道绞的圈数越多,小车走得越远。

4. 讨论:比较轮轴驱动与螺旋桨驱动的相同与不同。

记录纸A2:比较轮轴驱动与螺旋桨驱动的相同与不同	
1. 小组讨论下列问题: (1) 是什么让螺旋桨驱动小车运动的? (2) 当你们绞动螺旋桨的时候,橡筋有什么变化? (3) 回忆一下以前的课,是什么使轴轮驱动小车运动的? (4) 转动轮轴的时候,橡筋有什么变化? (5) 这节课上橡胶带的使用和以前在哪些方面有什么不同?又有哪些方面相同? (6) 在你们的由螺旋桨驱动的小车运动的时候,空气怎样起作用?	
2. 总结轮轴驱动与螺旋桨驱动的相同与不同	
相同:	不同:

5. 发现更多与螺旋桨有关的问题。

目的是启发学生产生进一步研究问题的兴趣。

记录纸A3:动手试一试
要求:每作一种尝试之后都把小车恢复到原来状态。
1. 如果把橡皮筋换成棉线,将发生什么? 结果:
2. 如果把螺旋桨换成平的翼面,将发生什么? 结果:
3. 如果把绒毛粘在螺旋桨后,驱动小车后将发生什么? 结果:

做了 A3 尝试的学生可能就会发现以下问题：

1. 做尝试 1 学生发现如果换成棉线，螺旋桨动不了，他可能就会想深入探究各种材料的弹性问题等等。

2. 做尝试 2 学生发现如果翼面变平，螺旋桨也失效，他可能就会想深入探究螺旋桨翼面的问题。

3. 做尝试 3 学生发现贴在翼面的绒毛飘动，他可能就会想到探究这个现象。

当学生在尝试中发现越来越多的问题，激发起他们探究的热情，这时候可以让学生试着提出自己的"如果……什么……"问题，并且设计实验进行探究。

四、课外拓展

1. 收集一些带有螺旋桨的玩具交通工具，分析一下每个交通工具的设计特征。玩具上的螺旋桨和你们课上使用的有什么相同和不同？

2. 对达·芬奇设计的飞行器械进行研究并作一个报告，用纸制作这些飞行器械的模型。

【活动评述】

本课的教学活动设计特色在于不但让学生从动手尝试中获得认知，而且从尝试中发现更多有研究价值的问题，激发起他们的探究热情。一堂科学课不应该是问题的结束，而更应该是问题的开始。在本次教学活动设计中，额外增加的棉线、翼面平的桨、绒毛等材料就是为激发起学生更大的探究热情，给学生创设条件，让学生通过进行动手试一试 A3 活动后，启发了对螺旋装置其他方面的认识和进一步探索。

【资料链接】

网址 1：http://www.ceh.com.cn/focus_detail.asp?id=18583

网址 2：http://www.chinamachineparts.com/shzl/machine/gears.htm

网址 3：http://jackly.cpgl.net/bbs/showthread.php?s=&threa…

网址 4：http://tzmx.com/access/Article_Print.asp?ArticleID…

网址 5：http://www.propwaveinc.com.cn/c/luntan-5.htm

（深圳市西丽小学　罗其洁）

保护鸡蛋

【教学内容】

教科版《科学》五年级上册第三单元第六节。教学内容分为三部分：

第一部分：提出和研究问题。

第二部分：设计、制作、陈述展示。

第三部分：拓展设计。

【活动目标】

1. 能动手对材料进行简单的加工。
2. 知道利用力的作用和材料的特殊性质能减小有害的碰撞。
3. 创造性地运用有限条件设计方案解决问题。
4. 意识到生活当中的有害碰撞，深入思考如何运用科学知识解决这些问题，并在生活中推广。
5. 亲历"减小有害的碰撞"的探究设计活动。

【活动准备】

材料：灯泡、橡皮筋、纤维绳、盒子、塑料袋、橡皮泥、弹簧、塑料轨道、磁铁、泡沫、剪刀、透明胶布、一个秒表、鸡蛋。

【活动过程】

一、提出和研究问题

1. 教师引出问题"怎样让灯泡从高处落地不碎"。
2. 陈列材料，学生提出方案，教师在黑板上记录。

二、设计各种方案保护灯泡

1. 小组以定量定类材料在10分钟内设计制作出保护灯泡的设施装置。

第1组材料：纤维绳、塑料袋、橡胶圈。

第2组材料：纸板、长塑料轨道。

第3组材料：弹簧。

第4组材料：泡沫。

第5组材料：橡皮泥。

第6组材料：盒子、黑板、磁铁。

备注：六小组每组配一组材料。这些配好的材料数量和种类都非常有限，可以发掘学生创造性的灵感。

三、展示陈述

1. 各小组展示作品。
2. 各小组交流总结：保护装置的优缺点，如何改进。

意义拓展（工作纸见附表1）。

在运输过程中磕磕碰碰，陶瓷易碎。现有一件陶瓷文物要从西安运到香港展览，沿途水陆空三种运输工具都要用到，请你设计一种与众不同的保护装置，减少碰撞对陶瓷的影响，将经济风险降到最低。

附表1——拓展设计工作纸（课外）

拓展设计工作纸

学校：　　　　班级：　　　　设计人：

在运输过程中磕磕碰碰，陶瓷易碎。现有一件陶瓷文物要从西安运到香港展览，沿途水陆空三种运输工具都要用到，请你设计一种与众不同的保护装置，减少碰撞对陶瓷的影响，将经济风险降到最低。

参考：
目前市面上的陶瓷运输装置是石棉或碎报纸，它们将陶瓷坎保护，减少颠簸和碰撞。

设计要求：
1. 详细搜集资料分析。
2. 写出设计方案，画出设计图。
3. 要求耗材少，成本低。
4. 适合在生活中推广。

我的方案：

我的设计图：

【活动评述】

本节课在准备材料的时候设了一小道卡，目的是激发学生的创造力。这节课的课堂气氛主要体现在作品展示时学生互相交流、反思，体会创造性运用有限条件设计方案解决问题。在6组材料中学生会发现利用降落伞、软垫、磁铁、斜面等等办法，而且可以完成得很好，这时在这个环节预定比较高的目标，展示的过程中会出现失败个案，这样不仅没有使学生受到打击，反而更能激发他们进一步实验的欲望。

【资料链接】

网址1：http://lisan.lwedu.sh.cn/tanjiuloubaohu.htm

网址2：http://www.szkp.org.cn/qingshaoniankepu/chuangxin-3.doc

（深圳市西丽小学　罗其洁）

昼夜交替的解释

【教学内容】
　　教科版《科学》五年级下册《地球的运动》单元第三课。

【设计理念】
　　面向全体学生,以探究为核心,追求活动内容的开放性和弹性、趣味性和实践性,让学生自主设计多种方法来解释昼夜交替现象,在"做中学",在做中体会探究的乐趣。

【活动目标】
　　1. 能对昼夜交替这一现象做出自己的解释。
　　2. 能设计并通过实验来检验自己的解释。
　　3. 会用自己的方法记录自己的实验。
　　4. 探究后最终能对昼夜交替这一现象做出合理的解释。
　　5. 体会实验探究的乐趣。
　　6. 体会到集体的智慧是巨大的。

【活动准备】
　　学生准备纸和笔。
　　老师提前把乒乓球和手电筒藏在材料桌里。

【活动过程】
　　一、阐述事实,提出要探究的问题
　　谈话:同学们,我们知道地球上有白天和黑夜,而且白天和黑夜是交替出现的。为什么地球上昼夜会不断地交替呢?你们能做出解释吗?

　　二、学生解释
　　老师归纳学生的解释并按顺序写在黑板上。
　　学生的解释有:
　　　1. 地球不动,太阳自转;
　　　2. 地球不动,太阳绕着地球转;
　　　3. 地球不动,太阳自转并且绕着地球转;
　　　4. 地球自转,太阳不动;
　　　5. 地球自转,太阳也自转;
　　　6. 地球自转,太阳绕着地球转;

7. 地球自转，太阳自转并且绕着地球转；

8. 地球绕着太阳转，太阳不动；

9. 地球绕着太阳转，太阳自转；

10. 地球绕着太阳转，太阳绕着地球转；

11. 地球绕着太阳转，太阳自转并且绕着地球转；

12. 地球自转并绕着太阳转，太阳不动；

13. 地球自转并绕着太阳转，太阳自转；

14. 地球自转并绕着太阳转，太阳绕着地球转；

15. 地球自转并绕着太阳转，太阳自转并且绕着地球转；

16. 地球自转的速度加快；

17. 太阳绕地球转的速度加快；

18. 拿一个会发光的大球体放在地球和太阳中间；

……

（注：学生的解释不一定会按顺序来，老师按学生解释的顺序顺数就行）

三、学生设计实验

师：刚刚大家的解释中很多都是只关于地球和太阳的运动的，那我们今天就先只探究地球和太阳，其他的以后再探究。

大家做了很多解释，怎么样才能知道你的解释对不对呢？

生：做实验！

师：怎么做？

生：拿乒乓球和手电筒，一个当地球，一个当太阳……

生：老师！用两个同学就可以了……

师：好，那你们就用你们自己想的办法开始吧！用乒乓球和电筒的到材料桌的抽屉里拿。

四、学生活动

学生积极性很高，有一部分到材料桌上代表小组拿取了乒乓球和手电筒，有的给乒乓球上做标记，有的直接采用乒乓球的商标，有的去了课室后面的空地上，有的扮演地球，有的当太阳，有的记录，有的小组成员还交换了角色……

在活动过程中，我惊喜地发现，有的小组觉得一个手电筒当太阳不够好，把两个手电筒尾对尾连起来当太阳。

学生会产生新的问题：怎样算是出现了一次昼夜交替？怎样正确表示一边自转一边绕着另一个转？

五、学生表达自己的实验结果

学生实验完后。

师：大家刚刚玩得很投入，不少小组还玩出了点名堂，现在请每个小组派一个代表把你们的结果写在黑板上，能出现昼夜交替的就打个"√"，不能的就打个"×"。

学生代表书写结果。

师：大家看黑板，看能不能发现什么？

生：太阳自转不起作用，因为太阳四周都会发光。

师：那我们也给涉及到太阳自转的打个"×"吧？

（老师给一部分解释打"×"。）

生：老师，剩下的是可以让地球上出现昼夜交替，但也有很多是不合理的！

师：那你们来讨论一下吧。

六、学生小组讨论，去伪存真

学生向大家汇报小组的讨论结果。

老师再给不合理的标上"×"。

七、学生谈活动体会，对活动进行评价

有的小组谈了用两个手电筒接起来当太阳时，其他小组都赞同；有的学生说教室里的空地方再大点就好了；有的学生说要是能用光很强的灯泡就好了……

大家一致认为一个小组设计的记录数据的表格很好：

地球	太阳	能否出现交替？	交替周期	其他
不动	自转			
不动	绕地球转			
不动	自转并绕地球转			
自转	不动			
自转	自转			
自转	绕地球转			
自转	自转并绕地球转			
绕太阳转	不动			
绕太阳转	自转			
绕太阳转	绕地球转			
绕太阳转	自转并绕地球转			
自转并绕太阳转	不动			
自转并绕太阳转	自转			
自转并绕太阳转	绕地球转			
自转并绕太阳转	自转并绕地球转			

八、老师简要评价

今天的活动，大家都表现得很好，都很投入。大家在一起思考问题就会考虑得很全面。很多小组都有自己的实验方法！希望大家继续保持，老师相信大家以后还会经常像今天一样不断地发现问题、研究新问题的，使自己变得更喜欢思考，更喜欢动手，更聪明，更有用！

【活动评述】

《昼夜交替的解释》活动在整合《科学》课的相关内容，体现"做中学"教育理念方面做出了积极有益的尝试。该活动以"昼夜交替"为主题，很好地发挥了学生的自主性，体现了集体的智慧、活动内容的开放性、活动价值取向的丰富性和多元性。

1. 在对昼夜交替作解释时，单个的学生能想出的解释是有限的，汇集全班同学的

想法就多了；同时，他们的想法还会互相启发，这样就更多了，能让学生强烈地体会到集体的力量是巨大的。

2. 在探究材料的选择上，老师没有规定一个小组只能使用一个乒乓球和一个手电筒，学生也能想到直接用人来当材料，有的还想到了用两个手电筒，有的还提出来用光很强的灯泡来当太阳。这些都较好地体现了活动的自主性和开放性。

3. 从学生在活动中的表现来看，教师在对活动内容和材料的设计、组织和指导，活动的整体调控，尤其是在激励、引导和诱发学生思维的灵活性和创造性等方面起着重要的作用。

【资料链接】
1. 《地球故事》，中国和平出版社，金涛主编
2. http://www.hrbgnb.com
3. http://ttstedu.vicp.net/jsjx/gzpd/xkjx/g1dl/g1d_04/unit02/jxsj.htm
4. sxzx.szftedu.cn/webs/teacher/zxdl/005/昼夜交替.htm

(深圳市南山区西丽小学　刘选波)

太 阳 系

【教学内容】
　　人教版《自然》六年级下册的内容,是一节网络型科学探究课。
【设计理念】
　　太阳系离我们非常遥远,学生比较陌生,怎么样才能让学生进行探究呢？互联网给我们提供了解决的方法,因此我把这节课设计为网络型科学探究课。
　　教学地点在网络教室,有50台计算机与因特网相连,学生一人一机,为充分发挥其交互性的特点和学生个性化的学习提供了条件。
　　由于互联网上的信息很杂,为了提高课堂教学效率,我把这节课的内容做了一个网页,内容包括"神秘太阳系"、"太阳系构成"、"我们的问题"、"我们的作品"、"友情链接"、"与老师联系"等几大块,学生通过浏览这个网页可以迅速掌握本课的基本内容,提高学习效率,然后再利用互联网对自己感兴趣的问题进行个性化的研究,最后把学生作品上传到网页,进行全方位的自评和互评。
【活动目标】
　　一、过程与方法
　　通过网上教学和网上冲浪,学生将电脑网络技术运用到太阳系的学习中,提高搜集、处理和交流信息的能力,发展自主学习和合作学习的能力。
　　二、知识与能力
　　1. 知道太阳系的构成,知道九大行星的名字及排列顺序。
　　2. 理解恒星、行星、卫星的概念及其相互关系。
　　3. 了解九大行星的概况。
　　三、情感、态度、价值观
　　1. 形成探索神秘太空的强烈欲望。
　　2. 体验网上科学探究的乐趣。
　　3. 了解有关国内外探索太阳系的情况,激发学生的民族自豪感和时代紧迫感。
【活动准备】
　　教师制作的《太阳系》网页、互联网畅通的网络教室。

【活动过程】

一、激趣引入

课前了解到学生对太阳系并不熟悉,他们能提出的问题不多,所以我先让学生先浏览太阳系的图片。当他们看到美丽而神秘的图片时,探究太阳系奥秘的强烈欲望被激起,已有的一些关于太阳系的知识被唤起。

二、浏览《太阳系》网页

学生浏览老师制作的《太阳系》网页,解答网页上提出的一些基本问题,这时学生在教师设计的有意义问题的指引下开动脑筋,充分挖掘已有的知识,找出问题的答案,积极主动地发言,学生的思维变得十分活跃。教师适时的表扬更加激发了学生的兴趣,师生互动使学生的思维更加发散,整个课堂的探究气氛被调动起来了。

三、提出疑问,在网上搜索结论

浏览完《太阳系》网页,自主答出老师的问题后,学生均对太阳系的基本知识有了一个大概的了解,这时他们提出了很多自己感兴趣的新问题:

"为什么只有地球适合生存?"

"为什么行星要绕着太阳转?而卫星又要绕着行星转?而且还与行星一起绕着太阳转?"

"彗星为什么有尾巴,它的尾巴为什么有时长有时短?"

"为什么水星和金星没有卫星?"

"火星上到底有没有生命?"

"太阳为什么会发光?"

"太阳系是怎样形成的?"

"太阳系有多大?"

"太阳系有多大年龄了?"

"太阳系还有哪些没有解开的秘密?"

四、制作幻灯片或 Word 文档

学生在自主完成关于太阳系的一些基本问题之后,他们利用互联网开始个性化的学习,选择自己感兴趣的问题进行小组合作研究或个人研究,并且利用课外时间完成关于太阳系的图文并茂的幻灯片或 Word 作品。

五、学生作品评价

这是学生在第二节课上进行的活动。当学生把作品修改好后,可以挂到校园网上,让其他年级或外校的学生,或让家长对他们的作品进行评价。

举例如下:

黄星:"我的作品分为两个主题,第一个是太阳系的基本构成,第二个是太阳系的秘密。我给自己打 B 级,请大家指教。"

刘静怡:"我觉得你可以做两个不同的幻灯片,这样更清晰。"

张柁:"我认为你的题目要字体更大些,颜色变成深蓝效果会更好,我给你打A—。"

冉心迪:"我觉得你的关于太阳系秘密的资料不充足,我收集到了更多关于太阳系秘密的资料,我发到你的信箱吧;另外我觉得如果你能在第二张幻灯片做成目录式结构,会让人看起来更清楚了,这次打A－吧。"

黄星:"谢谢大家,我回家改改。老师,下次再给我评分,好吗?"

武老师:"没问题,大家评价得很公正,而且从自己的角度提出很好的建议。黄星把大家好的建议综合起来并加以改正,一定会做出更好的作品。好!下一个该谁了?"……

【活动评述】

1. 网络为学生个性化的学习和自主探究太阳系提供了平台。

探究既是科学学习的目标,又是科学学习的方式,但对于遥远的太阳系我们怎么进行探究呢?网络在课堂上的应用解决了这个难题。

"太阳系"的奥秘到现在人类都没能完全解开,以往的教学是学生掌握了太阳系的构成和相关的一些简单知识就是达到了教学要求,而不考虑学生对什么有兴趣。利用网络学生可以自由地搜寻关于太阳系最新的研究动态,自主地选择自己感兴趣的问题进行研究,充分实现了个性化的学习。

2. 学生成为课堂真正的主人。

在整个教学活动中,从开始让学生交流对太阳系已有的知识,自主浏览网页回答问题,再到提出关于太阳系的新问题,在互联网上找寻自己感兴趣的问题的答案,最后制作幻灯片或文档,展示自己的作品,直到最后课下的拓展延伸,全是学生主宰的;教师只是教学活动的组织者,在适当的时候给予点拨,让学生自主地发展自己的才能。

3. 师生的网上交流,增进师生的感情。

学生的作品很多是课下不断修改完成的,当师生在论坛上讨论时,学生和老师是完全的平等,这种一对一的对话方式使有些平时不敢发言的学生表现得很活跃,这时师生的感情自然地拉近了;有的学生把作品发到我的邮箱或者通过电子邮件向我请教问题,或把最新的关于太阳系研究的消息发给我……这些网上的交流,也增进了师生的感情。

4. 学生的自评和互评,增强了学生的正确的评价能力。

很多同学的作品不但内容新、图片美,而且电脑制作水平高,整个作品美观大方,富有自己的特色,但是他给自己的分数比较低,这时通过学生的互评以及我的正确引导,使他的自信心增强;反之,我提出他作品上的一些不足,使他能正确客观地评价自己的作品。家长的参与和评价能使学生们更加热爱科学,把科学与生活不自觉地结合起来,小学科学教育就是要达到这样的效果。

5. 通过作品的不断改进,学生认识到合作的优势。

学生在接受了其他同学的好建议之后,作品外观变得更漂亮了,内容更丰富了,因此学生领悟到与人合作可以促进自己的发展。

【资料链接】

http://www.astron.sh.cn/picbase/solar/solar.html(提供太阳系成员的精美图片)
http://jsufo.nease.net/tyxzm.htm(太阳系之谜)
http://www.nju.edu.cn/njuc/dikexi/earthscience/chp1/3-1.htm
http://202.96.31.113/dl/tian/

(北京师范大学南山附小 武立华)

认识岩石

【设计理念】

　　科学课的教学是在教师指导下学生自主学习科学知识,提升科学能力,形成科学态度的过程,是在教学情境下实践过程与认知过程的统一。根据现代教学改革的方向,让学生自己动手收集事实、整理事实、研究事实,得出符合学生认知水平的结论,让学生自行获取知识,从而培养他们的创新精神与创新能力,使他们能更好地适应未来社会的发展。

　　本课是一节以认识岩石为主的探究型实验课,主要通过学生课前自己收集的大量岩石资料及岩石样品,找出岩石的特性,最后学会认识一般常见的岩石,了解一般岩石标本的制作方法。分为四部分进行教学:创设情景——自主探究——解决问题——应用外延,来发散学生思维,培养学生能力。因此,我设计了以下思路:

　　首先用录像带引入并质疑,即:(1)你认识哪些岩石?它们有什么特点?(2)你还知道关于岩石的哪些知识?紧接着让学生对自己带来的岩石样品进行研究,以小组的形式进行实验来分析岩石的特性,认识它们的名称,了解一般岩石标本的制作过程。最后对所学的知识进行拓展:岩石有何作用,有何价值。除了生活上用到的,建筑上用到的,让学生明白还有科学价值(认识地壳运动变化)。最后让学生知道"水滴石穿"的道理。整节课围绕认识岩石开展活动,培养了学生自己动手,自己发现和获取知识的能力。

【活动目标】

一、过程与方法

1. 通过不同的方法认识岩石的一般特性。
2. 通过自己研究岩石、培养学生的自行获取知识的能力。

二、知识与技能

1. 知道岩石的一般特性并能区分常见的岩石种类。
2. 了解岩石标本的制作方法,知道岩石的作用。

三、情感、态度与价值观

激发学生对岩石的探求兴趣。

【活动准备】

一、学生准备

1. 搜集当地一些岩石,采集时注意安全。
2. 采集工具:锤子、小袋子。

3. 把采集回的岩石清洗并进行编号。

二、教师准备

1. 搜集当地一些岩石及岩石资料。
2. 每小组表格一张。
3. 每小组实验材料：放大镜、盐酸、铁钉、滴管、锤子、铜钥匙、小刀。
4. 录像机、录像带、电视机。

三、时间：半天

内容播放各种各样的岩石。

【活动过程】

一、创设问题情景阶段

1. 激趣导入。

老师出示几种有趣的岩石。同学们，这是什么啊？

大自然有各种各样的岩石，五颜六色、五彩缤纷、漂亮极了。下面就先请看一段关于岩石的录像。（播放岩石的录像）

2. 问题。

a. 你认识了哪些岩石？它们有什么特点？

b. 你知道关于岩石的哪些知识？

3. 教学时间：8分钟。

二、自主探究阶段

岩石编号	颜色	形状	软硬	滴盐酸后的变化
1				
2				
3				
4				
……				

教学时间：20分钟。

过程：

下面我们要做几个小实验，请你准备好了。不过做实验时请你一定要记住：安全第一哟！

第一步：观察。

工具：放大镜。

用放大镜观察自己采回的岩石，看看岩石表面有什么特点？

第二步：试一试。

实验材料：盐酸、铁钉、滴管、锤子、铜钥匙。

(1) 用锤子、铁钉、铜钥匙敲打、刻划岩石，看看它们的硬度怎样？

(2) 用滴管在岩石的表面上滴几滴盐酸，看看岩石表面有什么变化？

三、展示交流

(1) 每小组讨论、整理实验结果。

(2) 填写实验表格。

根据自己实验得出的结论,查找有关岩石的资料,看你收集了哪几种岩石?请你们讨论之后写下来。

(3) 制作岩石标本。

现在,每小组把采回的岩石制作成岩石标本,可是怎么制作呢?现在每小组讨论后再交流。

制作步骤是:

第一步:把岩石洗干净。

第二步:把岩石砸成小块。

第三步:把岩石贴上标明岩石名称的标签。

第四步:把岩石装进盒子里。

四、反思

其实,在众多星球中,地球是目前惟一适合生命存在的星球,就在我们人类居住的脚下,由一层厚厚的岩石圈构成,厚度达60～80千米,有的海洋盆地仅为5～6千米。岩石的种类繁多,颜色五彩缤纷,漂亮极了。有的岩石上有天然的花纹图案,人们把它用作装饰、建筑方面。岩石在科学研究上非常有价值,谁能举例说明一下?

(1) 日常生产生活中哪些地方用到了岩石呢?

(2) 科学家能从岩石上古生物的遗迹(化石)中来推测地壳运动变化,你知道是怎么一回事吗?

(3) 你知道"水滴石穿"的故事吗?这说明了什么?

【资料链接】

一、文字类(各岩石的特征)

花岗岩:有花斑,粒粗,很硬。主要由三种不同矿物组成,其中白色是石英,肉红色或淡黄色的是长石,黑色的是云母。

石灰岩:灰色或灰白色,俗称"青石",粒细而密,硬度不大,遇盐酸剧烈冒泡。

大理石:一般是白色,有的具有美丽的花纹,颗粒均匀,紧密,遇盐酸冒泡。

砂岩:由粗或细的砂粒构成的岩石,黄色、灰色或绿色,很硬。

页岩:由颗粒很细的黏土构成的岩石,灰色或红褐色,较软,具有薄层状构造。

玄武岩:黑色或褐色,颗粒密而细,坚硬常有圆形的孔洞,有的表面有杏红状的斑点。

二、在有关网站上可以查找更多岩石的特征

查找步骤:利用搜索功能,键入关键字,如"岩石"、"自然地理"等查找相关网站,选定所需内容。

三、推荐书目:《自然与地理》、《百科知识问与答》、《活动地球》、《中国少年儿童大百科全书》。

(深圳市南山区赤湾小学 张献安)